U0116367

成事之道

一本书读懂司马光与《资治通鉴》

姜鹏 著

红旗出版社

图书在版编目（CIP）数据

成事之道：一本书读懂司马光与《资治通鉴》／姜
鹏著．-- 北京：红旗出版社，2024.5（2024.7 重印）
ISBN 978-7-5051-5405-6

Ⅰ．①成… Ⅱ．①姜… Ⅲ．①《资治通鉴》—通俗读
物 Ⅳ．① K204.3-49

中国国家版本馆 CIP 数据核字（2024）第 047243 号

书　　名　成事之道：一本书读懂司马光与《资治通鉴》
著　　者　姜　鹏

责任编辑　杨　迪　　　　　　责任印务　金　硕
责任校对　郑梦祎　　　　　　装帧设计　叶怡涵
出版发行　红旗出版社
地　　址　北京市沙滩北街2号
　　　　　杭州市体育场路178号　　邮政编码　100727
　　　　　　　　　　　　　　　　邮政编码　310039
编 辑 部　0571-85310467　　　发 行 部　0571-85311330
E－mail　359489398@qq.com
法律顾问　北京盈科（杭州）律师事务所　钱 航 董 晓
图文排版　浙江新华图文制作有限公司
印　　刷　杭州钱江彩色印务有限公司
开　　本　880 毫米 ×1230 毫米　　1/32
字　　数　159 千字　　　　　　印　　张　8.375
版　　次　2024 年 5 月第 1 版　　印　　次　2024 年 7 月第 2 次印刷
ISBN 978-7-5051-5405-6　　　定　　价　59.00 元

在历史中寻找未来

　　历史学的一个重要功能，是为人们提供借鉴，历史能够帮助人们更好地认识现在，把握未来。未来充满着不确定性，这种不确定性往往是人们焦虑的来源。如何规避这些不确定因素中不利的一面，如何让事态沿着好的方向发展，是每个肩负责任的成年人都要思考的问题。这时候历史学显现出了它的独特意义。历史是已经发生的事情，这些事情看上去是确定的，相互之间因果关系了然。能不能从中总结出一些规律，帮助我们躲过那些前人踩过的坑，规划出更有效的行事路径？这就是人们常说的"以史为鉴"意识。

　　谈到中国传统史学，在引导人们"以史为鉴"方面最具有影响力的著作，莫过于《资治通鉴》。《资治通鉴》这个书名就含有"鉴于往事，有资于治道"的意思，它是古代皇帝与士大夫治国理政的借鉴。《资治通鉴》讲述了从战国到五代长达 1362 年的历史，其间统一与不统一的王朝、政权有 40 个左右，称皇帝者 250 余人，作者用编年方法一气呵成，可谓博古通今，看尽兴衰成败。

但我们"以史为鉴"，是不是买一套《资治通鉴》，一个个故事读下来就可以了呢？也没这么简单。《资治通鉴》的作者司马光并不是现代意义上的职业史学家，他生活在宋朝，他的首要身份是政治家。除了编著《资治通鉴》，司马光为人熟知的事迹还有作为保守派士大夫领袖，对抗王安石变法的行动。《资治通鉴》的绝大部分内容是在反对王安石新法的过程中编写而成的。宋神宗启用王安石为宰相之后，司马光在政治上就被边缘化了，之后他离开首都开封，在洛阳居住了 15 年，这 15 年就是《资治通鉴》成书最重要的阶段。

试想一位不得志的政治家，在看待历史的时候，会看到些什么？他一定会把对当下种种的批判意识投射进对历史的解读中，也会借阐述历史表达自己的施政理念。这正是《资治通鉴》的独特之处，也是《资治通鉴》不可模仿的关键所在，它体现的不仅是一位饱学之士处理历史的笔力，更是一位成熟的政治家所具备的对国家、社会该如何运营的洞察力。后代续写《资治通鉴》的学者很多，但没有一个能在政治思考、实践上达到司马光的高度，所以他们不可能复制《资治通鉴》的成功。

司马光独特的政治见解、深刻的社会观察力赋予了《资治通鉴》高度，同时也给读者制造了理解困难。司马光是一位高明的作者，他能不动声色地把自己的观念隐藏在对历史的讲述中，你以为自己读到了一个事实，其实只是接收了司马光的一个观点。历史讲述必然带有主观性，只是有的高明，有的拙劣。人们在希望得到历史指点的同时，也会把什么是好，什么是坏，是非曲直应该如何衡量这类价值尺度运用到对历史的理解、阐释中，对于绝大多数普通读者来说，这一行为是零碎的、无意识的，但对于司马光这样的大政治家、大学者来说，运用价值尺度和当下观念重新编排、解释历史，是系统性的、有意识的。所以我们在阅读《资治通鉴》的时候，必须区分出哪些是事实，哪些是观念，哪些明显带有作者司马光的时代性。

基于此，我们这部书并非简单罗列《资治通鉴》中的故事，而是特别安排了《理念篇》与《实践篇》两个部分。《理念篇》系统剖析了《资治通鉴》的成书背景、司马光的思想特征，以及司马光是如何运用《资治通鉴》中的历史事件与现实互动的，《资治通鉴》中又有哪些被讲述的"历史事实"，实际上是为了批判王安石新法。这些分析不仅能提高我们对《资治通鉴》的认识，也能提高我们对历史学本质的认识，从而更深刻地看待如何"以史为鉴"的问题。如果没有这套方法论，随机抓取一些故事作为"以史为鉴"的依据，须知那些故事很可能是被加工过的，并不真实。虚假的故事怎么能准确地帮助我们规划未来呢！

在《实践篇》中，我们选取了 12 个《资治通鉴》中记录的经典历史场景，予以剖析，讨论我们能从中获得什么。在这一部分里，我们强调了另一个重点，有效地"以史为鉴"的前提，是对自身有足够的了解。《资治通鉴》和其他史书就像一家家医馆，我们带着自己的问题去借鉴历史上的经验，就好比带症问医，如果无法确切知晓、描述自己的症状，就很难从医生那里得到对症的药方。这些都是我们这部书的创新之处，也是有别于市面上绝大多数历史故事书的不同之处。之所以这么设计，根本目的在于试图提高读者们"以史为鉴"的能力。

不妨把这部书看成学习《资治通鉴》的导论，它能带领我们进入《资治通鉴》观念和历史的双重世界。当然，我们的这套分析方法，也可以运用到阅读其他史书上。读者若能举一反三，那么这部小书也就起到了"授人以渔"的效果，这是我们最乐意见到的。

目 录
CONTENTS

上卷 理念篇

第一章

历史名著的诞生

北宋文治的时代需求

宋朝是中国古代历史上思想、文化较为发达的时代之一，也是中国古代历史上唯一一个能在和平时期培育出大量思想家、现象级文化大师的时代。范仲淹、欧阳修、王安石、苏东坡、周敦颐，乃至于宋徽宗，这些我们耳熟能详的人物，都是政治、文学、史学、艺术、哲学等各领域的宗师巨匠，我们在中学语文课上也背过不少他们的文章。在这个群星璀璨的时代，司马光无疑也是其中非常明亮的一颗，他的巨著《资治通鉴》，是公认的传统中国史学中最经典的著作之一。司马光不仅是一位历史学家，还是一位深度介入实践的政治家、洞察深刻的思想家。司马光最大的特点，就是擅长把对现实政治的看法以及他本人最重要的思想隐藏在对历史的解释、评价中。所以，阅读、分析《资治通鉴》，是我们了解司马光思想最好的途径。

这本小书，就打算以《资治通鉴》为切入点，来探讨、总结司马光的思想特征，以及这些思想对我们今天的启示。

《资治通鉴》这部书给多数人的感觉可能是既熟悉，又陌生。说熟悉，我们从小就听过书名，知道它的作者；说陌生，我随便问一个关于它的问题，很多人可能就答不上来，比如，《资治通鉴》为什么诞生在宋朝？它为什么出自司马光的笔下？这其实是两个非常重要的问题。任何一部作品，之所以会诞生于某个时代，一定有支撑它诞生的时代背景。时代背景也会在经典著作上留下深刻、鲜明的印记。本书开篇，我们就来交流探讨这个问题，《资治通鉴》是在怎样的时代背景下诞生的，这个时代又赋予了它哪些特点。

先从《资治通鉴》这个书名说起。后世学者用"鉴于往事，有资于治道"这句话解释这个书名，翻译成今天的白话文，其实就是：以史为鉴，有助于提高治国理政能力。这的确是《资治通鉴》最核心的功能。因此，梁启超曾用"皇帝教科书"五个字来概括《资治通鉴》的主旨。要理解《资治通鉴》，理解司马光编纂这部著作的意图，这是一个非常重要的切入点。我们必须明白，这部书有明确的政治功能指向，也就是说，司马光想通过学习历史在政治上发挥作用。但这么做得有一个前提，那就是当时的人们普遍相信学习历史对指导现状有意义、有帮助，如果没人相信"以史为鉴"是有用的，那么那个时代就不会诞生像《资治通鉴》这种类型的著作。

巧了，宋朝恰好是最相信知识、文化力量的时代，是一个全民相信"读书有用"的时代。这样的时代环境又是怎么产生的呢？

熟悉历史的人都知道，在唐朝安史之乱以后，出现了一个非常重要的政治局面：藩镇割据。中央政府失去了原来的权威性，虽然名义上还是唐王朝，但地方的很多事务都由节度使负责，中央政府根本管不了，唐朝也因此逐步走向了分裂的局面。等到唐朝灭亡以后，各大军阀你方唱罢我登场。用当时人的话来说，什么是天子？"天子者，兵强马壮者为之，宁有种耶！"只要兵强马壮，就有实力去问鼎天子的宝座，谁能把其他人都打趴下，谁就能做皇帝。于是形成了一个非常混乱的历史时期——五代十国。唐朝在公元 907 年灭亡，宋朝到公元 960 年才建立，中间这段时间就是五代十国，共延续了 54 年。在这短短的五十几年里，中原王朝更迭了 5 个，每个王朝平均 11 年还不到；换了 14 位皇帝，每位皇帝平均在位 3 年多，给人的感觉非常混乱。王朝更替频繁的一个重要原因，就是每个政权都以暴力作为基础，只要有足够强大的军事实力，就可以称王称霸，毫无秩序可言。

等到赵匡胤建立宋朝以后，他必须思考一个问题：如何避免让宋朝成为第 6 个短命王朝。赵匡胤问宰相赵普，过去几十年如此动荡，想让社会长治久安他该怎么做？

赵普回答说，前几十年之所以混乱，就是因为军阀权力太大，现在要解决这个问题，"无他奇巧"，不需要太多花里胡哨的招数，针对这些武将军阀：第一，夺其兵权；第二，控制财政。将所有最优秀的军事力量，全都调集到中央周围成为禁军，地方上不允许保留强大的军队。这样就能避免地方军阀割据的局面。

早在五代十国时期，很多皇帝就已经想到了加强中央禁军的方法。但是，地方军阀是军阀，中央军阀就不是军阀了吗？管理中央禁军的这些人难道就不能篡夺皇位了吗？赵匡胤为了解决这个问题，采用了"杯酒释兵权"的办法，这也成了后世有名的典故。此后，无论是地方上的军阀，还是中央的军阀，军事管理权全都收回到皇帝手里，还塑造了复杂的兵将分离系统和文官管理系统。

但是，牵一发而动全身，把整个武将集团赶出权力中心以后，他们留下的权力真空由谁来填补？在赵匡胤结束武人统治之前，原来的各种权力，尤其是地方上的权力，不仅仅是军事权，还有财政、司法、人事权等也都握在武将手里。结束了武将专权，这个国家应该建立怎样的新型管理模式？宋朝统治者的选择是：确立文治导向，也就是建立以文官为主体的国家管理模式。

我们知道，科举制是中国历史上非常重要的选拔官员的制度。科举制度在隋炀帝时代被发明出来，经历唐朝，已经实践了很长时间。但在唐朝，科举制并不是选拔官员最重要的途径，例如宰相这一级的高官职位，掌握在世袭贵族手里，不是科举出身的贫寒子弟能够问津的。科举制度真正成为选拔官员最重要的途径，是在宋朝才确立的，这跟宋朝的国策为文治导向有关。

唐朝的那些读书人，别看他们考中以后"春风得意马蹄疾，一日看尽长安花"，当时心情很好，过几天他们就开心不起来了。为什么呢？因为考是考完了，但没有岗位可分配。唐朝还处在非常典型的贵族政治时代。很多高级官员，是因为其父亲是尚书，爷爷是宰相，所以也能当大官。但是宋朝的情况起变化了。经历唐朝中期的安史之乱、唐朝晚期的黄巢起义，再加上五代十国的军阀混战，贵族社会逐渐崩溃，贵族阶层也就一步步瓦解了。因此宋朝的文官集团不可能像唐朝那样，由贵族成员来填充。于是，宋朝的第二任皇帝宋太宗，决定充分发挥科举制的作用，向全民开放，只要你愿意读书，达到一定水平后就能来应试，考试合格就能直接当官。所以出现了"朝为田舍郎，暮登天子堂"这样的诗句。宋朝就靠这套制度，选拔出了大量优秀人才，重新建立了文官政治。

宋太宗对科举制的重视，可以通过一组数据来说明。北宋第一位皇帝宋太祖在位 17 年左右，一共开设过 15 次科举考试，录取进士 188 人。而宋太宗在位 21 年期间，只开过 8 次科举，别看次数少，选拔出来的人才数量是宋太祖时期的近 8 倍，多达 1487 人。甚至在雍熙三年（公元 986 年）这一年内选拔的人才就有 200 多个，超过宋太祖在位期间选拔人才的总和。为什么录取这么多人？因为地方官员的缺口很大。把地方军阀铲除以后，所有的基层官员都由中央来委派，要向下分派到县这一级，因此宋太宗总觉得人才不够用。

科举制的盛况推动了教育发展，改变了很多老百姓的教育理念。从百姓的角度看，一年到头辛苦种田，就只有这么点收入，社会地位也不高，要是能够顺应潮流让孩子去念书，改变家族的地位，这不是很好吗？读书，参加科举，就成为当时社会中上阶层的不二选择。在这样的社会潮流下，教育、文化逐渐有了更深厚的基础，变得更加普及。那么接下来，新的问题又产生了，一下子多了这么多读书人，大家读点什么呢？社会希望读书人学到什么有用的知识呢？针对这个问题，宋太宗有一个重要举措，那就是集合当时最优秀的文人士大夫编辑了好几部高质量、大部头的书籍，用于总结、传播古代的知识文化。

宋太宗在位的时候编过四部大书：《太平广记》《太平总类》《文苑英华》和《神医普救方》。我们重点说第二部《太平总类》，这是部类书，有 1000 卷，不仅总结了很多与经邦治国相关的知识，也包含了花鸟鱼虫等博物学知识，这部书后来改名叫《太平御览》。"御览"二字意味着这是皇帝亲自看的书。因为这本书编完后，宋太宗觉得非常好，决定每天读三卷，一年读完。宋太宗不是嘴上说说，他不到一年就提前把《太平御览》读完了。《宋太宗实录》里记载了这样一个故事，有一天宋太宗读书，从上午巳时（约9时至11时）开始，一直读到下午申时（约15时至17时）。当他刚翻开第一页的时候，就飞来一只苍鹤，停留在大殿的殿角。直到宋太宗读书活动结束，那只苍鹤才飞走。宋太宗感到很奇怪，说难道苍鹤通人性吗？大臣们说，一定是陛下向道向学之心精诚所至，感动天地，苍鹤是天意的代表，说明陛下搞文治一定能够成功。

实事求是地讲，这个故事不一定是真的，但是我们学历史要有一种意识，每一个虚假故事的背后，一定有一个真实的意图。编造这个故事，恰恰说明当时的君臣非常重视文化教育，希望用这种类似于神话的故事号召大家都来读书。皇帝读书感动天地，所以推动文化建设、推动教育，应该变成全社会都要响应的事情。

到宋太宗的儿子宋真宗在位的时候，又编了一部书，叫《册府元龟》，也是一部多达千卷的类书。这部书和《资治通鉴》的诞生有非常紧密的联系。宋真宗在编这部书的时候，曾和大臣们说："所编《君臣事迹》，盖欲垂为典法。"第一个重点，他提到这部书的时候，不是说《册府元龟》，而称之为《君臣事迹》。因为《册府元龟》是整部书编成以后再取的名字，书稿完成之前有一个初名，叫《历代君臣事迹》，说明编书的目标是搜罗各朝各代的君臣事迹。

为什么要编这部书是这段话的第二个重点。搜集这些内容是为了"垂为典法"，以后皇帝们要想学习如何治国，就应该参考这部书。正因为有这样严肃的编纂目的，这部书规定了非常严格的取材标准——"异端小说，咸所不取"，所有的野史小说都不要，这些内容对治理国家没有帮助。《册府元龟》中，几乎所有的历史事件都是从非常正规的史学典籍，或者是原始档案里抄录出来的，没有一则野史。

把《册府元龟》和《太平御览》作个比较，就会发现它们有很大不同。《太平御览》里有很多花鸟鱼虫博物类知识，但在《册府元龟》里面，只有经邦治国的正史。相对正史而言，博物学知识对治国的帮助不大，因此《册府元龟》将之摒弃了。为什么产生这种变化？这需要认真分析主持编纂《太平御览》的宋太宗和主持编纂《册府元龟》的宋真宗，他们两人有什么差别，这是千万不能忽略的。

宋太宗曾帮助哥哥赵匡胤谋取天下，算是开国型君主，而他的儿子宋真宗只能算是继承型君主。这两类君主最大的差别就是权威性不一样，一般来说，开国君主的权威性更强。宋太宗要倡导读书，让所有的人来跟他学习，他做这件事情的主要目的是树立榜样，讲得不好听一点，就是要做出倡导读书的姿态，至于读什么书，并不重要。因为他的权威性已经足够强了。

他的儿子宋真宗就不一样了，相对父亲而言，他的权威有所下降。作为皇帝，他要继承父亲的政策路线，倡导文治。但他的皇位不是靠自己打拼获得的，如何能让所有臣民相信他是一个合格的，乃至优秀的皇帝？这就需要在知识层面树立自己的优势。所以，他比父亲宋太宗更期待知识给予他力量。因此，编《册府元龟》的时候，宋真宗就把如何通过读书来提高管理国家的能力作为指标了，所以这部书从头到尾都是关于经邦治国的历史事件和道理，别的一概没有。宋朝的历史发展到这一步，不仅文人士大夫相信读书对治理国家有用，皇帝本人也对此深信不疑。这就回到一开始抛出的问题：宋朝人之所以热衷于编纂"以史为鉴"类的书，一定是建立在相信"以史为鉴有用"的观念基础上。这个观念在宋真宗时代已经深入人心了。

《册府元龟》受体裁限制，存在一个缺陷。它是一部类书，即把各种和治理国家有关的历史知识分门别类进行归纳。比如，国家财政归为一类，人才选拔为一类，外交是一类，军队是一类，边疆问题是一类。这样编辑，导致历史知识都是孤立地出现在相应的板块里，没有与之相关的来龙去脉、历史背景，更无法从中看到历史兴衰变化的整体过程。这就需要有一部专门交代历史脉络，讲清楚历代王朝兴衰变化及其背后原因的史书来弥补这个缺口。于是，《资治通鉴》应运而生。司马光编的这部书和《册府元龟》一样，初始都叫作《历代君臣事迹》。一种名称在某个时期出现频率很高，往往就能代表那个时代的特征。比如汉代的人均寿命不长，父母希望子女长寿，于是延年、延寿这类名字就特别多。今天"70后""80后"父母给孩子取的名字许多都来自那个年代流行的电视剧，是一个道理。《历代君臣事迹》这个名字说明，考察历史上君臣将相如何治国，以此来帮助当前的政治精英选择治国策略，的确是宋朝政治文化的重要氛围。

总结一下，从宋朝初期消除武将专政的负面影响开始，宋朝统治者重新建立了文官治理模式。为了配合文官政治，配合选拔文官的科举制，必须重视教育、提倡文教。因此，总结知识，编辑大部头的书籍就成了必然的选择。在这样一种相信读书有用，相信知识就是力量的氛围中，北宋中期的统治精英们坚定不移地相信，历史经验、历史知识能帮助他们领悟更有效的治国理政途径。《资治通鉴》就是这个时代应运而生的产物。这一历史过程，犹如抽丝剥茧，最终让今人有幸读到《资治通鉴》这部伟大的作品。

"司马光砸缸"的隐喻

想了解一部经典的成书背景，一般有两个步骤：一是考察这部书诞生的时代背景，二是研究这位作者的人生经历。关于《资治通鉴》诞生的时代背景，上一章已经作了介绍。那么接下来就要关注它的作者了。在同一个时代背景下，会出现不同类型的文化大师，司马光与欧阳修、王安石、苏东坡相比，特长和表达方式都不一样。欧阳修、苏东坡擅长用文学手段表达思想，王安石则专注于研究儒家经典，为何唯独司马光选择用一部史学著作来表达自己的思想？换个角度说，《资治通鉴》为什么是由司马光编成的？这就必须进入司马光的个人世界，从他的人生经历中寻找答案。

绝大多数人知道司马光这位历史人物，是通过"司马光砸缸"的故事。其实，这个故事并不是独立存在的，《宋史·司马光传》讲了司马光的两个童年故事，第一个是"司马光读《左传》"，第二个才是"司马光砸缸"。司马光 7 岁的时候，听老师讲解《左传》。《左传》是中国古代一部叙事丰富的编年体史书，它讲述的是春秋时期的历史，对春秋时期几次重要的争霸战争都有非常精彩的描写。小司马光听了老师的课，就对《左传》产生了浓厚的兴趣，学习得非常认真，放学以后还经常给家里人讲《左传》里的故事。这说明司马光从小复述能力就很强，更重要的是，从此司马光开启了学习历史、研究历史的征程。

关于司马光的第一份权威传记是苏东坡撰写的，标题叫《司马温公行状》。"温公"是皇帝封给司马光的爵位，"行状"就是对生平事迹的描述。司马光去世后不久，苏东坡就写了这篇传记，里面特别强调了司马光从小喜欢读《左传》，并说小司马光手不释卷，"至不知饥渴寒暑"。这是《宋史·司马光传》里第一个关于司马光的童年故事的来源，应该是非常靠谱的。由于司马光从小就培养了史学兴趣，所以他才发愿，也要写一部编年体通史。《左传》记载的是春秋时期的历史，而《资治通鉴》则是从紧接着春秋的战国时期的历史开始讲起。也就是说，《资治通鉴》是接着《左传》往下写的，可见《左传》对司马光影响有多大。但是，相比于"司马光砸缸"，爱读《左传》这个影响着司马光一生成就的故事，知道的人却很少。

　　《资治通鉴》编修完成之后，司马光给皇帝写了一道《进〈资治通鉴〉表》。其中说道："伏念臣性识愚鲁，学术荒疏，凡百事为，皆出人下。"越是天才人物，越是谦虚。司马光说自己非常愚蠢，做什么都不如别人，但"独于前史，粗尝尽心，自幼至老，嗜之不厌"，意思是说，对于以前的历史，他还算是稍微花过一点心思，从幼年到老年唯一没有改变的爱好，就是读史书。请注意"自幼至老"这四个字，和苏东坡讲司马光从 7 岁以后专注于读《左传》，专注于历史，是可以相互印证的。

　　问题是，只要喜欢历史、有意于历史创作，就能写出《资治通鉴》这样的巨著吗？宋朝擅长历史学的学者有很多，为什么只有司马光能做成这件事呢？在这里，我想先理出一条重要的线索：司马光和宋朝皇室的特殊关系，是司马光能完成《资治通鉴》创作的最重要的原因之一。为什么这么说呢？你看，《资治通鉴》是一部篇幅巨大的通史，共 294 卷，300 多万字，内容纵跨 1300 多年历史。光搜集资料，就得花费大量时间。修《资治通鉴》，并不是司马光一个人能独立完成的工作，而是他身边有一个团队，有很多助手帮他一起收集资料，打草稿，最后由司马光删定，这些人都要发工资。而且，当时很多珍贵的书籍收藏在宫廷图书馆里，不能随便拿出来，得找人去抄写，光是抄写手就得雇不少，这些人也得发工资。再往下讲一层，还有笔墨纸砚的供给。所以光凭司马光一个人，无论是从精力还是财力的角度来说，都很难完成《资治通鉴》这个庞大的项目。司马光之所以拥有这么多便利条件，能做成这件事，和皇帝的支持有莫大关系。

这要从宋朝的第四任皇帝宋仁宗说起。司马光就是在宋仁宗时代考中进士，并步入仕途的，那时候他才 20 岁。到宋仁宗执政晚期，司马光已经是中级官员中青壮派的代表人物了。司马光能力出众，性格耿直，受到很多前辈的赏识。他批评过欧阳修，但欧阳修曾说，晚辈里面司马光是最有出息的。

宋仁宗做了 40 多年皇帝，有很多孩子，其中也有过 3 个儿子，但儿子最终都夭折了，这对古代帝王来说是非常要命的事。如果宋仁宗没有生育能力，那也就算了，倒霉就倒霉在他有生育能力，却没有儿子，那皇位传承怎么办？有很多大臣都劝宋仁宗，在侄子里面认养一个。宋仁宗偏不认命，非要自己生，却始终没能如愿。

直到晚年，宋仁宗大病一场，许久才痊愈，算是死里逃生，慢慢康复了。这一次临近死亡的经历，让宋仁宗的想法发生了巨大的改变：立太子这件事还是应该早点确定下来，传给侄子总比储位空置，最后导致天下大乱，或被外人抢走皇位来得好吧。也正是这个时候，司马光和其他一些官员共同催促宋仁宗赶紧选定太子。在这件事上，司马光发挥了重要作用。他多次给宋仁宗上奏章，还当面向皇帝分析利弊，说明立太子的必要性。司马光的努力促使宋仁宗下了最后的决心，在侄子当中选了一个继承人，宋仁宗选中的和司马光推荐的是同一个人，就是后来的宋英宗，名字叫赵曙。

宋仁宗去世以后，宋英宗顺利即位。他当然对司马光心存感激，于是把司马光叫来，问他想要什么奖赏或有什么要求。这时候，司马光表现出高风亮节的一面，他没有要求高官厚禄，而是说自己有一个志向，想把中国古代的历史删繁就简，把和国家兴衰、"百姓幸福指数"相关的内容提炼出来，编成一本书，让皇帝在治国理政的时候，能以史为鉴，加以参考。

编史书这件事，其实司马光早年已经动手在做了。他在宋仁宗晚期编过《历年图》，就是《资治通鉴》的提纲。而《资治通鉴》最前面的 8 卷，也是在宋仁宗晚期就打好了草稿。但是再往下编，他觉得以个人的精力和财力，以及私人藏书的局限性，无法支撑起这项艰巨的任务。趁此机会，他就对宋英宗说："我没有什么要求，就是希望能把这部书编成，这就是我最大的心愿。"于是，宋英宗让司马光开设一个史局，在朝廷官员里面挑选擅长史学者加入，《资治通鉴》的编纂成为官方行为。我们今天能看到这部伟大的著作，跟宋英宗对司马光的支持是分不开的。

可惜的是，宋英宗在位 3 年多就去世了，继承皇位的是他儿子宋神宗。喜欢历史的读者应该对宋神宗不陌生，他就是启用王安石变法的那位皇帝。我们知道，司马光恰恰是带头反对王安石变法的。宋神宗一意孤行起用王安石，让王安石主持变法。所以反对王安石的新法，就相当于反对宋神宗。很多人因为反对新法被流放、被贬官。司马光也因为反对意见不被接受，离开了首都开封。略经辗转，司马光来到了洛阳，在此居住了15年。从仕途上讲，这15年是司马光的不幸阶段，但对于我们今天的人来说却是大幸，因为《资治通鉴》基本就是在这15年里编成的。假如当时司马光反对王安石成功了，他去做宰相了，哪有空来编这部大书？

所以说，《资治通鉴》的成书条件很苛刻，它对主编人的要求非常高。首先，得是一位大学者，历史学功底很深厚，才有可能完成这项工作。其次，这位主编还得懂政治，因为《资治通鉴》直接为治国理政服务，它是有政治导向功能的，只懂历史不懂政治的学者，编不出这样的书。反面例证很多，比如在清朝，几位在史学领域首屈一指的学者联合编了一部《续资治通鉴》，出版后遭到很多批评，因为他们光有历史学问，不懂政治，所以编出来的史书达不到司马光的政治高度。第三，如果司马光把精力全部用在政治上，那也不行。宋神宗即位之初，大家都在猜测，新皇帝会任命谁做宰相？最热门的两个人选就是王安石和司马光。如果当时被选中的是司马光，那他哪有时间来编《资治通鉴》？所有的时间都要消耗在处理既复杂又琐碎的政务上了。就因为他在政治斗争中暂告失败，才留出了 15 年时间，一心一意地编纂《资治通鉴》。

但问题又来了，大学者、大政治家、有时间，集齐这些条件就能够编出《资治通鉴》吗？也不见得。再举个例子，此人和司马光一样，同时符合上述三大条件，但他没有可能去编《资治通鉴》。苏东坡，这是一位大学者，对历史也有非常独到的看法，写过很多有名的历史评论，对现实政治也有非常深刻的认识，可以称得上是政治家，甚至他对于很多现实问题的看法比王安石、司马光都要深刻。用朱熹的话讲，王安石跟司马光都是少年富贵，重要的履历都是在中央朝堂。而苏东坡一辈子倒霉，总被皇帝贬，一会儿贬到这儿，一会儿贬到那儿，所以对民生疾苦特别了解。司马光是北方人，对北方的情况了解得多，王安石是南方人，对南方的情况了解得多。苏东坡被贬到各地，东西南北的情况他都了解，所以很多时候他的看法比这两个人都深刻。但由于他一生的大部分时间都在颠沛流离中度过，缺乏稳定的工作环境，苏东坡就没有条件去完成一部类似于《资治通鉴》的皇皇巨著。

司马光独特之处就在于他身为反对王安石的精神领袖，在政治斗争失败以后，虽然离开了政治核心，但没有受到任何实质性的打击，还享受着很高的待遇，能安安稳稳地编书。原因很简单，就是因为宋英宗能够顺利即位，司马光出了很大的力，所以宋英宗感激他。宋神宗同样要感谢司马光，毕竟他爸要是当不上皇帝，哪来他的皇位继承权呢？所以，即便宋神宗在政治理念上与司马光相左，更信任王安石，但在情感上，他却是亲近司马光的。因此，司马光的政见虽然没有被采纳，但他的生活环境没有受到太大影响。无非就是离开开封，去洛阳领一个闲差，拿很高的工资，继续编《资治通鉴》。

　　《资治通鉴》还是一部其他时代没有办法复制的伟大著作。一部书能不能被称为经典，除了原创性之外，还有一条重要的衡量标准，那就是有没有被学习、模仿。如果没有人模仿，那说明吸引力不够；倘若别人一模仿就超越了，那也不行，说明独创性不够。所以经典往往是一直被模仿，从未被超越。《资治通鉴》当然符合这个条件。后来续写、模仿《资治通鉴》的作品很多，但没有一部像《资治通鉴》这么成功，这么出名的。原因就是成书条件过于苛刻，还是那3条：第一，大学者；第二，懂政治；第三，有闲暇时间。例如明朝的张居正也是一个懂政治的大学者，但是他给万历皇帝上课时，只能拿着《资治通鉴》做教材，没时间自己编一部。懂政治的大学者什么时候有闲暇时间？往往是政治斗争失败以后。但一般政治斗争失败以后，就更没条件编《资治通鉴》这样的书了，苏东坡就是这个情况。所以还有第4条，要确保在政治斗争失败以后不受打击。这可太难了。古往今来，同时符合这么多条件的，只有司马光一人，没有第二个。所以《资治通鉴》也只有这一部。正是因为司马光的经历是不可复制的，所以《资治通鉴》也是不可复制的。

司马光在洛阳编《资治通鉴》期间，虽然暂时离开了政治舞台中心，但并没有停止关心政治，更没有改变忧国忧民的初心。宋神宗、王安石的一举一动，新法给国家、社会、百姓造成的问题，司马光都看在眼里。司马光对这些问题的反应，也都一一体现在《资治通鉴》里。司马光的政见，他对时局的关心，都是通过对历史典故的解释、评价表达出来的。从这个意义上说，王安石变法对《资治通鉴》影响很大。甚至可以说，"司马光砸缸"这个故事就来源于王安石变法的影响。砸缸的故事其实是假的，并没有真实发生过。这个故事是司马光去世很多年后才被编出来的，到南宋以后才开始流行。但这个故事是一个重要的隐喻，虽然是假的，却对帮助我们认识司马光的人生有很大意义。为什么说这是个隐喻呢？其实故事里司马光砸掉的那个水缸，就暗指王安石的新法，被拯救出来的小孩，是受新法之苦的黎民百姓。古人经常用"水深火热"比喻糟糕的生存环境，处于这种状态的老百姓就像溺水之人，若有圣贤能把老百姓从这种状态下解救出来，就被称为"拯溺"。"司马光砸缸"本质上就是一个"拯溺"的隐喻故事。

　　宋神宗去世以后，司马光被太皇太后召回开封担任宰相，改弦更张，废黜新法。北宋灭亡后，绝大部分士大夫都认为王安石的新法是导致北宋政权衰败的罪魁祸首，相反地，他们崇拜自始至终反对王安石的司马光。在这个背景下，"司马光砸缸"的故事被编造出来，得以流传。从这个隐喻故事中可以看到，王安石变法对司马光一生来说是何等重要。如果脱离王安石变法的背景，我们就无法理解司马光的思想，也无法全面理解《资治通鉴》。

　　关于司马光不同于王安石的主要见解有哪些，是如何通过《资治通鉴》表现出来的，将在后面的篇章中展开讨论。

为什么要读《资治通鉴》

　　宋末元初的胡三省是历史上研究《资治通鉴》最有名的学者，他有这么一句评价《资治通鉴》的话，堪称金句："读《通鉴》者如饮河之鼠，各充其量而已。"他把《资治通鉴》比作一条宽大的河流，每一位读者都只是到河边一解口渴的小老鼠，只要饮进那么几口就饱了，和滔滔不绝的水流相比，老鼠喝水的量是非常小的。我研究《资治通鉴》快 20 年了，研究得越深入，越觉得胡三省这话讲得对。《资治通鉴》的内容太丰富了，我们随意找一个角度深入进去，都会有意想不到的收获。而当我们学习《资治通鉴》积累的心得越多，就越知道《资治通鉴》还有更多价值有待于挖掘，这的确是一座挖不尽的宝藏。

　　前面的章节介绍了《资治通鉴》的成书背景，接下来，我打算总结一下《资治通鉴》有哪些特点，和其他史书相比，它有哪些不可取代之处。在我看来，《资治通鉴》有三大特色，了解这些特色，就明白了学习《资治通鉴》的意义所在。

第一，《资治通鉴》简明扼要，用极为精练的笔触，给我们勾勒出了 1300 多年的历史大脉络。

《资治通鉴》上接《左传》，从春秋战国之际的三家灭智伯、三家分晋讲起，中间经历战国、秦汉、魏晋南北朝、隋唐五代，一直讲到公元 959 年，也就是宋朝建立的前一年为止。这 1300 多年的时间跨度，耗费了多少笔墨呢？300 万字左右。光看 300 万这个字数，当然是皇皇巨著了，但平摊到 1300 多年，平均 1 年才分到 2000 多字。

比如汉武帝这一朝，长达 54 年，时长在中国历史上仅次于康熙和乾隆在位的时间，但是《资治通鉴》只给了他短短 6 卷篇幅，平均 1 卷要讲 9 年发生的事。汉武帝时代的史料多么丰富，打匈奴、通西域、强皇权，内政外交有非常复杂、非常丰富的内容可以讲述。但《资治通鉴》只给了 6 卷篇幅，每卷不过 1 万多字。惜墨如金这一特点，在《资治通鉴》中是非常明显的。

为什么如此吝惜笔墨？司马光在《进〈资治通鉴〉表》里说："每患迁、固以来，文字繁多，自布衣之士，读之不遍，况于人主，日有万机，何暇周览？""迁、固"分别指《史记》的作者司马迁和《汉书》的作者班固，《史记》和《汉书》是

"二十四史"中最靠前的两部。在司马光时代，"二十四史"中的19部已经完成了，每部书都是几十万字或者上百万字，比如《汉书》80万字，《史记》也是50多万字，内容庞杂，19部史书全加起来，得有上千万字，连职业读书人都不一定读得遍。今天大学里文史专业的教授们，通读过"二十四史"的已经很少了。更何况是古代日理万机的皇帝呢？所以史书的篇幅必须精简，重心也得突出，尽量减少无效信息。为此，司马光不仅要对以前的史料做大量删节处理，还要融会贯通，形成独立的、自成一体的讲述风格。用司马光自己的话说，就是要"删削冗长，举撮机要"，把烦琐的事情删掉，把最重要的信息拎出来，另成体系，帮助读者节省时间，提高效率。

对于1300多年的长时段历史来说，《资治通鉴》这样的处理方法，还能让历史发展最重要的脉络变得更加清晰，重点更加突出。因为《资治通鉴》是编年史，要按照年代的发展，给读者讲述每个王朝兴衰成败的过程，删除那些虚言浮词，也就去掉了很多妨碍我们洞察历史本质的干扰项，让读者直接面对影响一个时代兴衰最重要、最根本的因素。以汉武帝时代为例，有个名人叫司马相如，他和卓文君之间的爱情故事惊天动地，被收录进了《史记》，但《资治通鉴》里是没有的，因为他们的爱情故事再精彩，也和汉武帝时代政局的波澜壮阔无关。那么，《资治通鉴》删、取历史事件的标准是什么呢？司马光所认为的历史重点又是什么呢?

这就要讲到《资治通鉴》第二个特点,对历史的取材标准紧紧围绕着修身、齐家、治国、平天下 4 项原则展开,不取没有实践意义的内容。举个例子,《资治通鉴》对唐朝的描述是最详细的,篇幅占比最大。两汉 400 多年时间,只给 60 卷篇幅,唐朝历时 300 年不到,给了 80 多卷篇幅。这是因为从时代上说,唐朝离宋朝近,史料更丰富,历史经验也更具备借鉴意义,所以《资治通鉴》给它更多篇幅。更令人惊讶的是,《资治通鉴》所有讲述唐朝的章节居然完全没有提到李白,这可是盛唐的标志性人物呀,《资治通鉴》居然把他遗漏了?原因和司马相如的故事一样,李白的才华与治国无关。

司马光的《进〈资治通鉴〉表》里有一句话,足以说明这部书的取材标准:"专取关国家盛衰,系生民休戚,善可为法,恶可为戒者,为编年一书。"也就是说,对于《资治通鉴》来说,所有和国家兴衰、生民休戚没有关系的历史事件,都不在取材范围之内。当然,古人认为修身、齐家、治国、平天下是一体的,一个合格的国家治理者,必须先过修身、齐家这两道关,所以《资治通鉴》也包含修身、齐家的内容,这些被看作是培养治国能力的前提。司马光编写《资治通鉴》,本就有特定的目标读者,那就是皇帝,以及协助皇帝治国的高官们,所以司马光编史书的目的性是很强、很明确的。

　　唐朝另一位著名诗人杜甫的运气比李白好一点，他的名字在《资治通鉴》里被提到了一次。因为杜甫的诗，跟家国兴衰、社会治乱有紧密关联，被称为"诗史"。安史之乱以后，他写了很多有家国关怀的诗，所以后世的政治家们有时候触景生情，也要吟诵一两句杜甫的诗来应景。不过杜甫本人的事迹依然没有在《资治通鉴》里出现，毕竟他仍是一位诗人，而非政治家。

　　也许有人会问，现代已经没有皇帝，也没有王侯将相了，这部"皇帝教科书"还有什么现实价值？尤其是对我们普通人来说，阅读它的意义在哪里？时代虽然变化了，治国理政这个概念听上去的确比较遥远，但其本质上就是今天的管理观念、管理方法，对大多数人来说都是有必要学习的。无论是一个企业、一个单位、一个团队的领导者，想要提高管理效率与质量，掌握更多的管理技巧，还是普通人尝试管理自身，分配精力，积累待人处事的经验与智慧，都能从《资治通鉴》收录的故事中获得启发。虽然历史在多数时候属于大人物，王侯将相的身份有特殊性，但人性总是普适的。如果能活学活用，抛开具体的现象，提炼其中普遍适用的规律和道理，这部往昔的"皇帝教科书"一定会对今天的普通人产生很大帮助。

　　《资治通鉴》的第三个特点，是它能给读者创造一个看待事物的视角：用政治家，而不是文学家的眼光审视历史，总结经验教训。

曾经有读者问我,《史记》和《资治通鉴》最大的区别是什么?如果只用一句话来概括,我会这样说:《史记》是文学家笔下的历史,《资治通鉴》是政治家笔下的历史。要理解这一点,先听我讲一个故事。

《史记·留侯世家》记载过一个非常著名的"商山四皓"的故事。留侯就是汉高祖刘邦最重要的谋士张良,"商山四皓"指的是4位隐居在商山的老人。"皓"指白头发,用以指代老人家。因为刘邦宠爱戚夫人,晚年时,他想废掉原来的太子,也就是他和原配夫人吕雉生的儿子刘盈,改立戚夫人所生的儿子刘如意为太子。郁闷而惶恐的吕雉找到张良,请他支个招,张良说:"顾上有不能致者,天下有四人。"刘邦什么都搞得定,就是搞不定4个人。这四人就是"商山四皓",他们一致认为刘邦是个没文化的流氓,所以逃匿山中,决然不为汉臣。和普通人的心态一样,刘邦面对自己搞不定的人,会越发仰慕。张良就建议吕雉,如果诚心诚意去请,4位老人念在安定朝局有利于天下的份上,应该会下山。等他们来到朝廷,就让他们时时跟随太子。刘邦知道以后,必然会因太子能感召这4位高人而对太子刮目相看,说不定就能保住太子的位置。吕雉按照张良的建议去做,果然请到了这4位高人。

下山后,4位老人跟随太子出席了一场重要的庆功宴。《史记》中,司马迁首先用简洁而有力的文字描写了四人的外貌:

"年皆八十有余，须眉皓白，衣冠甚伟。"如果不注明这句话出自司马迁笔下，有些读者大概会误以为他们是从《西游记》里出来的老神仙。在通报姓名之后，刘邦才知道这 4 位形貌奇异的老人，原来就是自己仰慕已久却始终召请不至的"商山四皓"。刘邦便问他们，为什么不理他这个皇帝，却愿意跟随太子？四老的回答直接爽快，坦率地批评刘邦是个没有文化且言语粗鲁的人，太子的情况就不同了，四人用 6 个字评价太子刘盈：仁孝、恭敬、爱士。表示只有太子这样高素养、高品位的人才能让他们心悦诚服，四老还用一句"天下莫不延颈欲为太子死者"，把太子在天下高洁之士心目中的形象抬得很高。

听完这番解释，刘邦深感无奈，只能说，那以后就麻烦你们好好管教、保护我这个儿子吧。四人敬了刘邦一杯酒，起身就走了。刘邦在目送他们离开的过程中，把戚夫人叫到身边，指着四人的背影对她说：你看，连我都请不到的人，太子却能轻松召唤，看来太子羽翼已经丰满，废不掉了。"商山四皓"在短短几句话间，就推翻了刘邦的打算。仔细一琢磨，这 4 位老人其实什么都没做，只不过在大庭广众之下把不懂礼貌的刘邦数落了一通，而不可一世的刘邦就这么放弃了更换太子的计划。

这是《史记》记录的故事，司马迁用它来解释刘邦为什么没有成功废掉太子。这个故事非常精彩，足以令读者倾倒。但奇怪的是，《资治通鉴》同样关注刘邦晚年的太子之争，却并未采纳这么著名的故事，这是为什么？

大家仔细想想，不觉得这个故事太富有戏剧性了吗？刘邦性格刚猛忧厉，狡猾反复；他不读书、没文化，轻视儒生；不畏舆论，关键时刻甚至会用亲人的性命做赌注，这样一个人怎么突然就变得畏惧虚名、景仰高人了呢？四位从未谋面的老先生的几句话，就能让刘邦抛开对戚夫人的爱意与承诺，那他还是听说项羽要烹煮自己的父亲时，说出"幸分我一杯羹"的刘邦吗？司马光认为这不合理，越是精彩的故事往往真实性越低。因此，"商山四皓"的故事司马光没有采信。

在否定了《史记》的故事后，《资治通鉴》又是如何解释刘邦最终未换太子的原因呢？司马光不仅仅是史学家，他还是北宋中期最重要的政治家之一。作为一名政治家，司马光敏锐地察觉到了刘邦朝廷的分歧。《资治通鉴》在叙述时，特别强调大臣们的反对意见，通过大臣的态度来解释刘邦废太子的阻力，比如御史大夫周昌的意见。御史大夫相当于副丞相，身份不低。周昌有口吃的毛病，说话比较费劲，即便如此，他还是要在刘邦面前表达自己强烈的不满。周昌对刘邦说："臣口不能言，然臣期期知其不可！陛下欲废太子，臣期期不奉诏！"这里的"期期"就是用来形容周昌说话时又着急又结巴的样子，后来还衍生了一个成语"期期艾艾"。

　　此外，《资治通鉴》还记录了当时儒学大臣叔孙通对废太子的反对意见。叔孙通对刘邦说："太子，天下本，本一摇，天下振动，奈何以天下为戏乎！"太子是维系天下安危的根本，当老皇帝去世的时候，必须有一个众人认可的太子来继承皇位，才能确保政权平稳过渡。如果老皇帝死的时候没有太子，或者太子不孚众望，就很有可能引起实力派人物对皇位的争夺，会导致天下大乱。借助叔孙通的发言，《资治通鉴》最终总结："时大臣固争者多，上知群臣心皆不附赵王，乃止不立。"赵王就是戚夫人的儿子刘如意。除了之前提到的周昌、叔孙通等人，大臣中反对废太子的人数非常多，而且很多人都和刘邦激烈地争执过，包括张良也反对这件事。刘邦知道，即便自己废了现在的太子，改立赵王，但赵王得不到大臣们的拥护，日后也不能成事。如果激起吕氏集团（吕雉的兄弟和她妹夫樊哙都是握有兵权的人，势力很大）与戚夫人、赵王之间的火并，反而有导致国家动荡的危险，所以刘邦打消了废太子的念头。

　　尽管刘邦读书不多，人也粗鄙，但他毕竟经历过很多风浪，是有一定远见的政治家。废长立幼的后果他能够预料得到。虽然司马迁离刘邦的时代更近，但司马光的解释显然更为合理。常理状态下，人的行为不会偏离正常逻辑很远。司马迁讲述的"商山四皓"故事，显然偏离了政治逻辑，更具传奇色彩。司马光才是真正能洞察政坛游戏规则的历史学家，因为他本人就是一位资深的政治家。相比之下，司马光对刘邦不废太子的解释朴实无华，虽从故事性的角度看，缺乏精彩性，但它更可信。司马光的选择提醒我们：政治事件的结局要从政治思维、政治力量对比的角度予以考量，而不要沉湎于那些精彩离奇却不着边际的故事。从这个角度来说，司马光对历代王朝兴衰成败的解释，比以往的历史学家更贴近历史的真实逻辑，这样也更有利于我们总结、汲取真正有意义的经验教训。否则，连重大历史事件的真相与事实都不能确保，如何能保证从中总结出来的经验教训是有价值的呢？

　　总结一下，和其他史书相比，《资治通鉴》特点鲜明。首先，它用极为精练的笔墨，为我们勾勒出从春秋战国之际直到隋唐五代的大历史。由于它的叙事紧紧围绕着每个时代的兴衰成败展开，所以可以让推动历史发展、变化最本质的原因，更为直接、直观地展现在我们面前。其次，《资治通鉴》是写给古代的高级管理层看的，它的写作目的紧紧围绕着如何通过历史汲取教训，让历史为当前的人所用，所以如果你是抱着学以致用的想法学习历史，那么《资治通鉴》是不二选择。第三，出于政治家的理性思维，司马光对历史的洞察、对事实的把握，比以往多数历史学家都更为深刻、准确，这是我们总结有价值的历史经验的前提。总之，在现代社会，不可能让每个人都皓首穷经，花费太多时间阅读、比较各种各样的史书，想要以史为鉴，用历史智慧来加持生活与事业，那么《资治通鉴》是经历史证明的、毫无争议的首选读物。即便抛开一切功利目的，通过读《资治通鉴》来拓宽我们的眼界和心胸，也是一件极好的事。

第二章

司马光的经济思想

不患寡而患不均：分配正义

意大利史学家克罗齐说过，一切历史都是当代史。这话很有道理，人们总是带着自己当下的问题去看待历史，希望从历史中找到解决今日难题的方案，或者寻找为自己辩护的证据。没有一位历史学家是完全脱离了现实问题去写历史的，司马光和他的《资治通鉴》也不例外。而且，往往越是优秀的历史学家，当代意识越强，让历史和他所处时代联动的能力也越强。

《资治通鉴》虽然停笔于宋朝建立的时间之前，但是其中讨论的很多问题，是来自司马光生活的宋朝，其中一个代表性的例子就是对宋朝财政问题的思考，以及他和王安石的争论。北宋是物质非常富裕的时代，堪称中国王朝历史之最。但与之矛盾的是，政府的财政状况并不好。长期以来，除了供养庞大的官僚、宗室群体之外，国家还要招募大量社会贫困人口参军，以确保社会稳定；同时为维持外部和平环境，向辽朝和西夏输送财物。这些问题被总结为冗官、冗兵、冗费，给国家财政带来了巨大压力。

宋神宗时期，为了解决财政压力，起用王安石进行改革。然而对王安石的绝大多数改革措施，司马光是不认同的，两人之间产生了激烈的争论。王安石变法不仅是宋朝历史上的大事，也是司马光人生历程中的大事。我们知道，作为政治家的司马光，身上最重要的标签就是保守主义阵营的领袖，与王安石为首的改革派针锋相对。在整场变法运动中，司马光始终是反对新法的核心人物。在变法运动最大的支持者宋神宗去世后，司马光重返政坛，当了宰相，并废除了新法。所以，无论是想了解宋朝历史，还是想了解司马光的思想，以及司马光如何在《资治通鉴》中借历史典故回应现实问题，都绕不过司马光和王安石之间的争论。

通过他们的争论，我们既能看到王安石和司马光在经济、政治观念上的差异，也能看到司马光利用《资治通鉴》评论时政的手法。因为这个话题的内容非常丰富，我打算在本章中先介绍他们在经济思想上的核心差异点。在接下来的篇章中，我将以王安石变法的核心内容"青苗法"为例，展开讨论司马光、王安石分别如何看待政府和社会经济之间的关系。他们俩，到底谁的认知更深刻？这场争论能给今天的人什么启发？在下一篇，我们将专门分析《资治通鉴》中的相关内容，看司马光如何把反对王安石的意见隐藏在对历史的讲述中。

我们先来寻找王安石和司马光在经济、财政问题上的核心差异点。苏东坡在《司马温公行状》中记载了司马光和王安石在宋神宗面前的一次争论。当时，河北、山西部分地区发生自然灾害，农业收成不好，政府要赈灾，这对本来就很窘迫的国家财政来说，无疑是雪上加霜。这时候宰相们站出来为国家分忧解愁，他们说，按照惯例，在皇帝举行完祭天仪式以后，高级官员都会收到一笔赏赐，现在为了帮助国家一起渡过难关，今年这笔赏赐我们都不要了。

宰相们把想法写成奏章，交给皇帝的秘书班子，也就是翰林学士院的学士们，请他们和皇帝商量定夺。于是宋神宗就召集翰林学士们一起商议，恰巧司马光和王安石都是翰林学士，所以他们俩都参加了这次会议。司马光首先发言，他说，执政大臣们的态度是好的，但算下来也解决不了问题，他们捐献的数额远不足以应付救灾，不如在高级别官员中普遍实施赏赐减半的政策，这样省下来的钱财就非常多了。

王安石发表了不同意见。他说，这些宰相们到底行不行啊？如果能力不够，不足以帮助国家解决眼前的困难，那他们应该辞职，推辞这点小小的奖金算什么呢？王安石的意见非常尖锐，但他还没表达完，接着说道，现在大家都觉得冗官、冗费，国库紧张，但在他看来，这是很容易解决的问题。之所以国用不足，是因为没有找到理财方法，如果懂得理财，国库很快就会充实起来。

司马光反问他，什么叫理财？其实用不着王安石回答，司马光知道答案。司马光认为，政府理财，理到最后无非就是额外增加民间的赋税负担，盘剥老百姓。然而，一旦老百姓的财富被剥削干净，他们就会铤而走险，走上犯罪的道路，甚至啸聚成反政府力量，最终导致社会动荡。长远来看，绝非治安之策。

王安石认为司马光的观点太迂腐了。他反驳说，一个善于理财的人，应该着眼于经济发展，在不增加老百姓负担的情况下让国库充足起来。可司马光根本不相信他这一套说辞，"天地所生财货百物，止有此数"，这些东西不在民则在官。司马光认为天地之间的财富总量是有定额的，政府和百姓之间的分配，是一种零和博弈。政府多拿了，老百姓得到的就一定减少。在这个理论基础上，司马光认为，所谓在不增加老百姓负担的情况下增加国库收入，那完全是扯淡，实践中是办不到的。如此宣称的人，无非就是巧立名目，把明争变成暗抢，表面上说不会增加老百姓负担，事实上还是变相加重了百姓负担。

司马光还指出，王安石这套讲法根本不新鲜，历史上就有人提过，汉武帝时代的桑弘羊就是这么说的。但事实证明，桑弘羊这套理论完全是鬼话。到汉武帝后期，桑弘羊理财政策的负面效应就体现出来了，老百姓的财富被国家掠夺，导致很多人走上了造反的道路，给汉朝的统治造成了很大麻烦。这个观点，司马光在编写《资治通鉴》汉武帝那部分时也表达过。

很多学者根据这段史料，认为司马光不懂经济，他不知道GDP（国内生产总值）是可以增长的，居然幼稚地以为天地间的财富是有定额的。按照现代经济学的观点来看，只要财富总量增长，老百姓的收入和国库的收入当然可以一起增长。所以，主张不增加百姓负担而提高国库收入的王安石，应该是懂增长、懂经济的。这样的评价对司马光公平吗？

我们先看《资治通鉴》中的一个小例子，通过这个案例来审视一下，司马光究竟是不是毫无经济学常识。《资治通鉴》卷一百二十五讲述了南朝刘宋时期，宋文帝元嘉二十四年（公元447年）的一场经济危机。当时的情况用今天的话讲就是通货紧缩，古人的说法则是"货重物轻"。这里的"货"就是货币，意思就是货币非常贵重，相对来说市场上的物品不那么值钱，老百姓就不愿意用货币去换物品，经济发展有所阻滞。如何解决这个问题？宋文帝最初的想法是往市场里注水，投放更多货币，让货币"降价"。中国古代日常货币主要是铜钱，从汉代以来，信誉最稳定的铜钱是汉武帝时代铸造的五铢钱。铢是古代非常小的重量单位，六铢等于一锱，四锱等于一两。所以有个成语叫"锱铢必较"，意思就是小气到连一锱一铢都要计较。"五铢钱"就是每个重量为五铢的铜钱，是当时流通最广的货币。宋文帝解决通货紧缩的方案是制造一种比五铢钱更轻、更小的"四铢钱"，这样政府每铸造一个铜钱，就能节约一铢铜料，省下来的铜料能铸造更多的货币。

当这些货币投放到市场上以后，新的问题又出现了。因为从政府的角度来说，这个方案的确铸造了更多货币。但在现实生活中，老百姓拿一枚新铸造的四铢钱和一枚原先流通的五铢钱相比，只差一铢的重量，也就是二十四分之一两，差异几乎可以忽略不计。在实际流通中，单个五铢钱和单个四铢钱的购买力也是没有差别的，都当一个钱用。因为古代的货币计价体系不像今天这么科学，更不像今天的货币是政府信用货币，它的本质还是等价交换物，货币的基础价值就是铜的金属价格。五铢钱和四铢钱在铜原料的价值上差多少，老百姓去买点青菜还得计算这个，那太麻烦了。所以干脆就让五铢钱和四铢钱面值相等。这个空子被一些不法之徒利用，他们搜罗了大量过去流通的五铢钱，把上面的铜料刮剪下来，对它们进行改铸，铸成新的更多的四铢钱。一个铜钱不起眼，量一大，套利空间就出现了。宋文帝为了解决一个问题，铸造了四铢钱，却依旧允许五铢钱流通，结果又造成了新的问题——市场上充斥着伪币。

为解决新的问题，当时的宰相江夏王刘义恭建议政府下令，规定把五铢钱的面值乘以二，一个五铢钱等于两个四铢钱，五铢钱的价值翻倍提升，这样就不会有人通过损毁五铢钱来铸造四铢钱了。宋文帝一拍大腿说这个主意太好了，马上就同意了。这个建议真的靠谱吗？其实这么做的危害程度并不亚于伪币泛滥。当时就有明白人提出了反对意见，宰相班子里有一位叫何尚之，他认为，这不仅解决不了问题，反而会把穷人推向更可怕的境地，那些本来就有钱的人更加暴富，加大贫富差距，影响社会经济正常运行。为什么呢？因为直接把五铢钱的面值乘以二，对富人来说，家里储蓄的货币比较多，所以他们用五铢钱储存的那笔财富马上就翻倍了。而货币的本质用途在于交易，我们上中学的时候就学过一个政治经济学常识，货币总量理论上应该和市场上所有商品的总价值相等。在商品总量不变的情况下，所有五铢钱的面值都翻倍，意味着货币供给量大大增加，这必然导致商品价格大幅度飙升，也就是今天常说的通货膨胀。对于穷人来说，本来就没有什么积蓄，家里也没多少五铢钱，他们的财富基本没有增加，但市场上的商品却大幅度涨价，这不是让他们更穷了吗？所以主动实施通货膨胀政策，一定会掠夺底层百姓的财富，越穷，被掠夺得就越厉害。这个道理，不仅今天有经济学常识的人懂得，当时提出反对意见的何尚之也懂。当然，在《资治通鉴》里讲述这个故事的司马光，也是懂的。

历史证明，何尚之的意见是正确的。当时宋文帝病急乱投医，采纳了刘义恭的意见，规定把五铢钱的面值翻倍，结果造成了更大的经济混乱。最终，通过统一货币大小和分量，真正解决了问题，但这个错误让刘宋政府花费了十多年的时间才得以纠正。

司马光只是在《资治通鉴》里记录了刘义恭和何尚之之间的争论，为什么就能肯定司马光是懂这些经济学道理的？因为《资治通鉴》在讲述这个故事时，完全没有收录刘义恭是怎么具体论证的，仅仅是用一句话交代了他让五铢钱面值翻倍的建议。其实刘义恭也写了长篇大论来证明自己建议的合理性，以说服皇帝，这篇论证文章在"二十四史"中《宋书》的相关篇章里，还有唐朝政治家、史学家杜佑编纂的名著《通典》中，都是有保留的。但司马光却把刘义恭的长篇大论删除了，相反，他详细收录了何尚之的反驳意见，充分展示了何尚之的论证理由。这是司马光编《资治通鉴》的常见手法，当两种意见产生冲突时，哪一种意见的论证过程被司马光选中并写进《资治通鉴》里，就意味着司马光赞同哪种意见。所以，我可以肯定地说，在这个历史场景中，司马光赞同何尚之的意见，而不是把两种意见并列出来让读者自行定夺。因此，司马光具备货币政策和宏观经济学的常识是毋庸置疑的。

那我们应该如何看待司马光在和王安石争论过程中，表现出看似非常"迂腐"的经济理念呢？需要注意 3 个问题。

第一，前现代农业社会和现代工商业社会在经济增长方式上有巨大的不同。在现代社会中，不仅科技进步可以在财富增长上带来日新月异的变化，还可以利用资本杠杆让财富成倍增长。但在司马光生活的农业时代，没有这么多科技、金融手段，经济增长主要靠土地开垦和劳动力投入。在这种情况下，即使运用多元化的理财手段，财富增长的空间仍然非常有限。

第二，即便是从现代经济学的角度来看，经济除了增长之外，还有一个非常重要的话题，那就是分配正义问题。财富分配要公平，这在中国是非常传统的思想，孔子就讲过"不患寡而患不均"。但这不是简单的平均主义，孔子讲这话的含义在于强调财富分配的合理性与正义性。儒家认为，社会治理的最终目标是要让尽可能多的人生活舒适，而不仅仅是国库财富的增长。百姓的满足感是判断一个社会治理绩效的重要标准，而财富分配的合理性与正义性，正是老百姓生活满足感的重要来源。从这个角度看，与王安石高谈经济发展不同，司马光更注重分配正义。

更关注增长模式，还是更关注分配正义，就是王安石和司马光在经济、财政思想上最核心的差别。简单地强调增长的重要性，进而批评司马光不懂经济，是不公平的。

第三，最为重要的是，从现实情况看，变法计划是否真如王安石所说的那样，实现了经济增长，做到了不增加百姓负担的同时增加国库收入。

综观北宋后期的历史，王安石的新法的确帮助国库增加了收入。但也的确被司马光说中了，国库增收建立在牺牲老百姓利益的基础上，并没有做到王安石所说的不增加老百姓负担。为什么会这样？其实司马光很早就提醒过宋神宗和王安石，搞财政改革还应该注意当前的政治生态。当时的政治生态有什么重要特点，我会在下一篇中以青苗法为例来讨论这个问题。

青苗法：法的贪与廉

　　熟悉历史的朋友都知道，中国古代是比较纯粹的权力社会，官府占有绝对优势。在官本位的环境中，政绩是普通官员追求的最高目标。司马光提醒宋神宗和王安石要注意的政治生态正是这一点，他担心新法推行以后，很多地方官员会把经济法令作为提高他们政绩的工具，层层加码，最终伤害到老百姓的利益。来看一下青苗法的推行过程，就能从中体会到司马光的深刻。

　　什么是青苗法？在农业社会，有的农民在青黄不接的时候，会遇上生活艰难的问题，家中存粮告罄，连下一季粮食的种子都吃完了。有部分农民选择向富豪人家借贷，但利息非常高，半年的利息在30%以上。若无法偿还，只有用质押的土地、房屋抵债。王安石推行的青苗法，就是由官方出面向百姓放贷，利息相对低一些。民间借贷利率在半年 30% 以上，官府借贷利率一般是半年 20%，也可以适当提升，但设定上限为 30%。其实官方的利率也非常高，即便按最低计算，年利率也高达 40%。当代"股神"巴菲特的年化收益也就 20% 左右。但王安石在说服宋神宗的时候，笃定这个方案既能减轻农民的负债压力，又能增加国库收入，唯一受到挤压的是民间高利贷经营者的利益。

在宋神宗看来，这个计划很完美，他只看到了青苗钱可以让农民半年期的负债率从 30% 下降到 20%，却没有看到更多问题。司马光说：只看这些的话，就太天真了！

司马光引述了《左传》里的一句话："作法于凉，其弊犹贪，作法于贪，弊将若之何？"这里的法指的是税法。即便税法是从体恤老百姓的角度出发，税率比较低，最后都难免会导致政府官员变得贪婪，想方设法地从老百姓身上榨取钱财。如果"作法于贪"，就是设定税法的最初目标是尽可能地搞钱，那它会产生怎样的后果，简直不可想象。宋神宗和王安石都忽略了一个问题，在现实生活中，由于民间借贷利息太高，真正去借钱借粮的农民是少数。但政府放贷一旦形成法令，地方官员就会为了政绩而"创造"出"需要"青苗钱的群体。

宋神宗、王安石所忽略的问题，正是司马光最担心的，而且的确在新法实施的过程中出现了：官员为了政绩，强行向百姓摊派青苗钱。官员以政绩为导向，地方官员就会观察中央政府的态度，现在皇帝下令放青苗钱，那他管理的这个地方几万、十几万人口，一个人都不来借贷，还有政绩吗？可想而知，必然会强行摊派。摊派的青苗钱越多，他的政绩越好，升官的机会就越大。这就是司马光讲的，"作法于贪，弊将若之何"。

司马光向宋神宗汇报了一个情况。当时北宋首都开封下属共有 17 个县，其中 16 个县先后完成了发放青苗钱的任务，只有一个陈留县，一分钱都没贷出去，陈留县县令名叫姜潜。上级部门找他问话，这到底怎么回事？姜潜说，他已经起到了告知责任，政府发放青苗钱的公告在县衙门口贴了 3 天，没有百姓来借贷；于是将公告颁发到各个乡村、聚落，又过了 3 天，还是没有百姓主动来借贷，说明本县百姓不需要青苗钱，这就是真实情况。我读到这段史料的时候，真是非常佩服这位县令，虽然官位不高，却很有良心，没有为了政绩而强行把负担摊派给老百姓。司马光根据这个情况作了分析、推断，如果其他县来借贷的人都不多，比如只有几个人，那么陈留县凑巧没有人需要青苗钱，倒也正常。现在的情况是，其他 16 个县放贷额度都很高，陈留县的"业绩"却是零，冰火两重天，相差太远了，不合常理。难道陈留县真的这么特殊？会不会是其他 16 县的县令为了政绩，多多少少做了些动员甚至是强迫农民来借贷的工作？司马光认为，后者可能性更大。

　　王安石的助手吕惠卿站出来辩护说，青苗钱借贷完全是自愿的，只有百姓自愿来借，政府才会放贷，不会强行施加。但根据统计，当时农民借贷比例最高的地方在福建地区，有些地方高达 50%，甚至有高达 70% 的。吕惠卿恰恰是福建人，很难让人相信，这仅仅是一个巧合。

　　除了理论分析和推断之外，有没有切实的证据证明司马光的观点是正确的呢？当然有。官员们从全国各地送到开封的奏报，证明司马光的判断是正确的。比如，有一位名叫王广廉的官员在河北发放青苗钱，被御史官员纠察弹劾，说他不仅向百姓强行摊派，还制造舆论假象欺骗朝廷。北宋时期，政府根据每户老百姓的家产，依贫富程度将其分为五等，最富有的为一等户，最贫困的为五等户。王广廉向辖区内的老百姓依次摊派，最富有的一等户必须借贷 15 贯青苗钱，接下来第二等、第三等的配额分别是 10 贯、5 贯，第四等户被摊派到 1 贯零 500 个铜钱，最穷的五等户也必须借贷 1 贯钱。当时的 1 贯钱指 770 个铜钱。等于说，最贫穷的老百姓借走 770 个铜钱之后，半年内要还给政府 924 个铜钱，最富有的人家必须借走 11550 个铜钱，半年内缴还 13860 个铜钱。不管你需不需要，必须借，这就是王广廉的摊派要求。那假造舆论是怎么回事呢？你想，这样强行摊派，老百姓能满意吗？所以纷纷聚集、投诉，王广廉居然谎称百姓聚集是在歌颂朝廷的盛德，上奏朝廷说青苗法让百姓欢欣鼓舞。王广廉的弄虚作假被御史揪了出来，但当时负责监察的官员人数本来就少，技术手段又有限，全国范围广大，有多少弄虚作假是没被揪出来的呢？

另外，王广廉的行为之所以能被发现，应该跟他在河北的顶头上司有关。这位顶头上司是著名的三朝老臣，名叫韩琦。韩琦从宋仁宗时代就开始做宰相，宋英宗时代，韩琦是最有政绩、最有口碑的宰相，后来宋神宗即位，也得力于韩琦的辅佐。这样一位三朝元老，他的人品、能力当然有口皆碑，威望非常高。宋神宗启用王安石变法，很多变法内容韩琦也不同意。但当时他已经从宰相的位置上卸任，去河北做安抚使了，我们可以理解为河北的最高行政长官。王广廉就在他眼皮子底下弄虚作假，他当然不会纵容这种行为。另外，韩琦批评青苗法的意见，可以作为对司马光观点的补充，从另一个角度揭示了新法设计没有关注到社会、政治整体环境的缺陷。韩琦提醒宋神宗，任由这类摊派行为发展下去，会造成更大的问题。那些被强行摊派了青苗钱的贫困户到时候还不出钱，地方官不可能善罢甘休，更不可能自己垫钱偿还，必然逼迫地方上的富户履行连带偿还责任，就是把矛盾转嫁给地方上的富人。到时候，整个社会无论穷人还是富人，都会怨声载道。后来的历史证明司马光、韩琦的判断是正确的，他们担心的情况一一出现了。他们能准确预见这些情况，就是基于对当时政治生态环境以及人性更深刻的洞察，而不是像王安石那样仅仅关注理财方法本身。任何方法都是在具体环境中实施的，不能凭空设想，这就是王安石新法最大的问题。

除此之外，司马光还指出了青苗法造成的其他问题。比如，民间借贷关系发生纠纷，尚可请求官府裁断，现在官府自己放贷，这就好比裁判员下场兼做运动员，若有纠纷，如何处理？司马光说，民间借贷行为是建立在自发自愿基础上的，富豪不可能强行贷款给贫民。但因为还不出本钱和利息，穷困百姓最后流离失所的例子还是很多。官方的权威肯定比富豪厉害得多，现在强行摊派，到时候收不回本息，又有多少贫困百姓要流离失所？

人类的历史昭示，没有一个太平盛世是全靠人为设计出来的。因为这个世界上根本没有全知全能的人，社会、经济、政治乃至外交，是一个整体，牵一发而动全身，一个方案出台后，往往有很多意想不到的衍生状况会发生。王安石变法也应验了这条规律。

强行摊派青苗钱，就衍生了一个王安石等变法派一开始绝对想象不到的社会现象，那就是对年轻人消费行为的误导。为什么会出现这个现象？试想一下，那么多不需要青苗钱的家庭，拿到这些多余的钱，会流到哪里去？或者换一个角度想，那些行为谨慎的年长者，在拒绝青苗钱之后，官吏们会从什么群体深入下手，确保青苗钱的摊派？总有一些家庭会有缺乏风险意识、想花钱却得不到钱的年轻子弟吧。

苏东坡写过一首诗，讽刺的就是这种现象。在诗里面描绘了那些轻易得到青苗钱的年轻人的荒唐生活："杖藜裹饭去匆匆，过眼青钱转手空。赢得儿童语音好，一年强半在城中。"苏东坡指出，一些没有社会经验的年轻人，一看政府贷款这么容易得到，消费欲望一下子被刺激起来，以前不敢轻易借贷的心理边界被打破，又缺乏风险意识，贸然去借钱。借了钱以后，到城里面吃喝玩乐转手就空。"赢得儿童语音好，一年强半在城中"，一年到头有多半时间混在城里，虚度时光，只学了一口城里话。这类现象在当代社会也时有发生，一个大家比较熟悉的例子就是信用卡。前些年很流行通过各种手段发放信用卡，我在学生时代，没有任何收入来源，却被学校和某商业银行联合强行"赠送"过信用卡。一些银行通过这样的手段提高业绩，最后变成诱导低收入人群透支消费，这当然是很不道德的。很多年前，在上海就发生过一出惨剧，一个贫困家庭的儿子，在没有资格审查的情况下获得了某商业银行的信用卡，透支了10万块钱，还不上了。最终父母和这个儿子一家三口选择了自杀，自杀方法是在密闭空间里烧炭，一氧化碳中毒。直到今天，我对新闻报道里的细节都还记忆犹新。在现代社会中，银行等金融机构要告知信用卡申领者相关风险，评估借贷者的还贷能力，这是机构必须承担的道德责任，而在古代农业社会，这一道德责任应该由放贷的政府承担。

青苗法是王安石非常得意的制度设计，但无论是三朝元老韩琦，还是才华纵横的苏东坡，在这个问题上都站到了他的对面，和司马光在同一条战线上，从各个角度提出了反对意见。其实，当时反对青苗法的著名官员，还有苏东坡的弟弟、同为"唐宋八大家"之一的苏辙，甚至还有苏氏兄弟的老师、文坛宗主欧阳修，还有大思想家、宋明理学的奠基人之一程颢，这些都是中国历史上响当当的人物，他们和司马光一样，极力劝阻宋神宗和王安石，可见司马光不是孤立的，更不能简单地用一句王安石比司马光更懂经济来否定司马光。在所有反对王安石新法的官员中，司马光是表述反对意见最系统，也是坚持斗争时间最长的，青苗法只是观察他和王安石思想差异的一个窗口。司马光还有很多对经济问题的看法，没有直接体现在和王安石的辩论中，而是隐藏在《资治通鉴》对历史的叙述、评论中。

藏富于民：尊重规律

如果穿越回宋朝，问司马光一个问题：你认为政府在处理经济问题时最重要的态度，最需要遵守的原则是什么？我想，他应该会回答：不与民争利，藏富于民。行政官员不应该干扰日常经济活动。这是非常传统的儒家观念，司马光继承了它。司马光反对行政官员干扰日常经济活动，在《资治通鉴》中也有很多表达，虽然还谈不上与现代市场派经济学家观点一致，但和王安石相比，司马光的确是更支持发挥民间经济活力，尊重民间日常经济规律的。

先看《资治通鉴》中的两个故事。第一个故事发生在南朝宋文帝刘义隆时期，记载在《资治通鉴》卷一百二十二。当时的益州刺史名叫刘道济，是一个功臣家族的成员，益州地区管辖的范围大致相当于今天的四川省。刘道济是一个很贪婪的人，试图利用权力直接从市场交易中攫取财富，他下令禁止民间冶铁业，把铁器的生产、销售权都收归官府，由官府垄断这一行业。这不仅导致大量从事铁器生产的手工业者失业，大量以经营铁器为生的商铺倒闭，也造成了广大农民的困境。因为铁器是农民最重要的生产工具，但由于被官府垄断经营，不仅铁器的价格很高，质量也很差，这让普通农民的日子怎么过？另外，由于铁器是各级官吏直接运营生产、销售，相应的权力寻租、交易性腐败等问题都会滋生。官府又有军队、司法系统等机构作为支撑，普通百姓受了欺负也无法反抗。

一旦出现社会危机，就会被枭雄所利用。当时有一个民间武装力量领袖叫许穆之，利用这个机会煽动民众造反，并且取得了甘南、川北地区一位少数民族领袖的支持。这个少数民族是南北朝时期的"五胡"之一氐族，他们的领袖杨难当资助许穆之精锐的兵器，许穆之随即借助老百姓的普遍不满情绪，把整个四川搅得天翻地覆。

刘道济的手法其实并不新鲜，他学的是当年的汉武帝。汉武帝为了填补财政窟窿，采取了一系列改革措施，其中最著名的就是盐铁专卖，也就是把铁器、食盐这两项关乎民生的最重要的产业收归国有。协助汉武帝制定这项政策的主要人物是桑弘羊。这项政策虽然短时间缓解了朝廷部分财政困境，但从长时间看，不仅使得民间经济活力枯竭，权力垄断经济该有的弊病也都出现了。到汉武帝晚期，社会经济迈向崩溃边缘。关于这些问题，司马光在《资治通鉴》卷十七至卷二十二讲述汉武帝时代时，有过深刻的批判。汉武帝留下这套政府权力部门直接从事乃至垄断经济的方案，不停地被后世试图攫取社会财富的皇帝、官员们重新捡起。只不过有些人捡起它，是打着"国家利益"的旗号，比如宋神宗、王安石，有些人纯粹是为了私欲，比如前面提到的刘道济。

司马光极力反对这套做法，他主张的藏富于民的思想来源于儒家经典《礼记·大学》。《大学》有一句纲领性话语："仁者以财发身，不仁者以身发财。"这是"发财"一词最早的出处，事实上在这个语境里，"发财"是个贬义词。它的意思是说，仁者是以财富为手段，更好地体现生命价值；不仁者牺牲生命的本质，以财富为目的，本末倒置。所以儒家认为，国家和财富之间的关系应该是："国不以利为利，以义为利也。"国家最大的利益，不是财富本身，而是维持社会秩序、社会公平。前面的篇章介绍过，分配正义是司马光经济思想的核心，也是从《大学》这段话里衍生出来的。涉及具体的财富分配方案和如何藏富于民，《大学》引用了一位先哲的话说："畜马乘不察于鸡豚，伐冰之家不畜牛羊，百乘之家不畜聚敛之臣。与其有聚敛之臣，宁有盗臣。"家里有马车的，那一定是大夫级别以上的人物了，这样的人家就不要斤斤计较于几只鸡、几头猪的财富数量。伐冰之家，指的是比普通大夫级别更高的卿大夫以上的贵族。因为古代贵族在夏天举行祭祀活动的时候，要用到冰块，那时候没有冰箱，只能在冬天让仆人到结了冰的河道里去采伐，然后窖藏，以备来年夏天使用。这些操作，只有卿大夫以上级别的贵族有能力、有资格去做。这样的大户人家，肯定享受着朝廷很高的俸禄，又有很多仆人为他服役，就不要再想着通过多养些牛、羊来增加财富了，因为他们已经享受得太多了。最后所谓百乘之家，指的是有能力为国家提供一百辆战车的家族，那就更厉害了。这样的大家族，与其养一个能帮你搜刮财富的能臣，还不如养一个喜欢贪小便宜，经常从你仓库偷点东西走的小人。为什么呢？后者虽然损害了你的利益，但小偷小摸的损失是有限的。养一个搜刮财富的能臣，看上去帮你增长财富了，但民心瓦解，老百姓不再支持你了，这个危害更大。这是《大学》阐述的把财富留在民间，权力阶层不应与民争利的理念。

　　儒家的这套思想应该在春秋后期到战国时代就已经非常成熟了，司马光很显然继承了它。我们再看《资治通鉴》中的另一个案例。这个故事也发生在南朝，出自《资治通鉴》卷一百三十六，齐武帝永明六年（公元488年），这一年吴兴地区（今浙江湖州、杭州，江苏宜兴等地）发生了灾害，农业歉收，而地处浙东的会稽郡（今浙江绍兴、宁波一带）则农业丰收。因此贸易粮食的商贩频繁往来于吴兴、会稽之间，把会稽的粮食贩卖到吴兴。吴兴、会稽都属于江南水乡，粮食贩运多走水路。在从南往北的运输路途中，最关键的难关是通过钱塘江和它的几条支流。风浪大的时候，钱塘江的水流能给过往船只造成不小的威胁，钱塘潮闻名遐迩，足见其威力。于是官府在沿钱塘江和几条支流的地方，设置了一些土坝，古人称之为"埭"。这些土坝，有些是小小的避风港，还有一些可在水流少或平缓的时候提供以牛拉船的服务，官府收取一定费用，倒也是合理的。但后来这些地方慢慢开始向过往商旅收关卡税了，不管需不需要服务，过往商旅一律必须交税。再后来，朝廷甚至公然向这些关卡下达了税收指标，这就变味了。

正值吴兴郡农业歉收这一年，一位官员居然又提了个更不靠谱的建议。从会稽贩粮到吴兴，要经过西陵戍，这里就有一个提供用牛拉船服务的"牛埭"，朝廷给的指标是每天收足3500文钱。管理西陵戍的官员名叫杜元懿，他从来往频繁的运粮船上看到了商机，鉴于这年来往的船只数倍于往年，他建议朝廷将附近的4个土坝、渡口承包给他管理一年，初步估算能给朝廷额外创收400万文钱。

一位名叫顾宪之的官员对这个建议进行了激烈批评。顾宪之说，土坝、渡口本来是便民措施，在这些地方设卡收税已经是不应该了，之前有些税吏为了完成朝廷的税收指标，甚至不

惜向没有承载货物的船只征收商品税，使得便民工程彻底沦为
扰民工具。现在吴兴郡民众饥饿缺粮，商旅从会稽运粮过去虽
然是赢利行为，但客观上缓解了吴兴郡的粮荒。如果朝廷趁这
个机会变本加厉地征税，事实上提高了粮食运输成本，这个负
担一定会转嫁给吴兴郡的饥民。顾宪之批评杜元懿"人而不
仁"，这种发难民财的主意都想得出来。在奏章中，顾宪之也
引用了《大学》的这句话："与其有聚敛之臣，宁有盗臣。"好
在朝廷最终听取了顾宪之的意见，没有把关卡税外包出去趁机
牟利。

　　《资治通鉴》记载这个故事，一方面是历史上确有其事；
另一方面，司马光也借顾宪之之口，讲了他自己想对宋神宗、
王安石讲的话。司马光比较有涵养，不管如何激烈地反对王安
石新法，在《资治通鉴》中的表达也是点到为止，一般都是把
他想借用的历史故事叙述一遍，让读者自己体会，不会直接发
表针对新法的评论，但他的助理和学生就不一样了。司马光有
个学生叫范祖禹，是《资治通鉴》编修团队中最年轻的一位，
他帮助司马光编纂了《资治通鉴》唐朝部分的草稿，又利用这
个成果，独立创作了一部《唐鉴》，是对唐朝历史的评论集。
其中有一段针对唐玄宗重用聚敛之臣搜刮民间财富的评论。

　　范祖禹毕竟年轻，有冲劲，评论的话讲得很凶。他说："是
以兴利之臣，鲜不祸败。自桑弘羊以来，未有令终者也。"桑

弘羊帮助汉武帝进行财政改革，可以说是聚敛之臣的鼻祖，汉武帝去世以后，桑弘羊在一场政治斗争中被杀，杀他的人名叫霍光，是历史上大名鼎鼎的权臣。霍光纠正了汉武帝时代穷兵黩武的政策，更加关注民生，一定程度上恢复了民间经济活力，让汉代的统治得以维持。可以说桑弘羊之所以被杀，是做了汉武帝时代错误政策的替罪羊。范祖禹总结历史现象，说从桑弘羊以来，只要是聚敛之臣，就没一个得了善终的。所谓"未有令终者也"，就是全都不得好死的意思，瞧这话说得多难听。他这是说给谁听呢？很显然，他的警钟是为王安石这派官员而敲。范祖禹列举唐玄宗重用过的理财能人："始于宇文融，融既流死，而韦坚、杨慎矜、王鉷继起，又益甚之，极于杨国忠，皆身首异处，宗族涂地。"从宇文融到杨国忠，都是"身首异处，宗族涂地"，不仅自己被杀，还要被灭族。这都不是简单的警示，几乎是在恐吓王安石这派官员了。

虽然说话分寸有差别，但在思想上，范祖禹很显然是继承自司马光的。以宇文融、杨国忠为代表的这些聚敛之臣，为什么下场会这么悲惨？范祖禹说，那是因为"壅利而所害者众也"，把利益、财富都集中垄断，不仅商人失业，普通农民也受到了伤害，那么多受伤害的人，难道没有怨气吗？"天下之怨归之，故其恶必复，祸必酷"，所有的埋怨最终都指向兴利、聚敛之臣，这些人的下场会好吗？唐朝的历史，"吉凶祸福之效如此，可不戒哉！"要引以为戒。

最后，范祖禹提出自己的财富主张，他认为，作为一个财政政策的制定者，应该以"不为掊克"为基本原则，所谓"掊克"就是盘剥，"不为掊克"就是不盘剥老百姓，最终达到上下皆济的效果。国库收入是要考虑的，但老百姓的利益同样重要，因为牵涉民心向背，社会稳定与繁荣。不能因为政府手里有权力，是强势方，就在财富分配上为所欲为。老百姓一时间无告无诉，只能被欺负，但积蓄的愤怒一旦爆发，那是非常危险的，所谓"水能载舟，亦能覆舟"就是这个道理。所以，藏富于民，让老百姓生活安乐，是统治策略中非常重要的一环。

在司马光、范祖禹这类学者看来，多数帝王将相更容易感受到开疆拓土带来的成就感、满足感，不太懂得藏富于民、官民相安无事的意义。所以要一再重申藏富于民的重要性，这是典型的儒家财富观，是建立在儒家民本主义基础上的财富观。在这类思想家看来，国家的财富分配政策，不应该是有权力的人用来满足私欲的工具，而是要让所有人，尤其是那些弱势群体也能找到安身立命之处的方案。司马光编《资治通鉴》是这个观念，范祖禹写《唐鉴》也是这个观念，一脉相承。

第三章

司马光的政治思想

东汉征徭：优先性判断

司马光编写《资治通鉴》的目的，是想以史为鉴，让国家、社会繁荣昌盛。这必然触及一个基本问题：在什么样的情况下，这个国家或社会算是被治理好了，算得上繁荣昌盛。要达到这个目标，又应该秉持什么样的施政理念。通过《资治通鉴》的一段历史记载，可以了解到司马光是怎么考虑这个问题的。

《资治通鉴》卷四十五记载了东汉第二位皇帝汉明帝时期的一件事，这一年是永平十二年（公元69年）。当时，在今天的云南大理，有一个居住在山区的少数民族叫哀牢夷，领袖名叫柳貌，全体族人在他的率领下，想要归附东汉朝廷。对于当时的少数民族来说，归附中央王朝，不仅能得到财富，还能得到军事保护。面对哀牢夷的归附请求，汉明帝自我感觉很好，认为是自身的威望、德行感召所至，不仅答应了他们的请求，还从中原地区调派了大量人力物力去往西南。哀牢夷居住在博南山，周边还盘桓着一条澜沧江，大山大江阻隔着哀牢夷和外界的交通。东汉朝廷想要把此地纳入管理范畴，必须开山凿路，遇水架桥，创建便利的交通条件。

为了这件事，朝廷从内地征发大量民夫去做苦工。这些离乡背井的民夫当然非常痛苦，《资治通鉴》记载他们编了一段歌谣："汉德广，开不宾；度兰仓，为他人。"前半句是说汉朝的威德非常广，周边的少数民族都来归顺了，其实是明褒暗讽；重点在下半句的"度兰仓，为他人"，我们背井离乡、千辛万苦地渡过澜沧江，全是在为别人忙活啊！可想而知，这些民夫心中有多怨恨。

《资治通鉴》接着讲了另外一件事。当时的中原地区，从西汉平帝时代起，黄河、汴水就出现了决堤，一直到光武帝刘秀建立东汉，其间数十年，黄河泛滥，朝廷都没有修治。刘秀称帝以后打算修治黄河，有官员说，统一战争还没结束，又要调集民夫去修河，恐怕没有这么多人力、物力可用，于是只能作罢。

时间拖久了，黄河泛滥得更厉害。《资治通鉴》这样描述当时的场景："汴渠东侵，日月弥广，兖、豫百姓怨叹，以为县官恒兴他役，不先民急。"意思是河南、山东等黄河下游地区水灾严重，百姓根本没办法正常生活。所谓"县官恒兴他役，不先民急"，这里的县官是指朝廷，这是古代汉语中的常见用法。百姓们埋怨，朝廷做其他事永远都有理由、有充足的人力物力，唯独要帮老百姓解决问题的时候，没有人力物力了。

《资治通鉴》把黄河泛滥无法治理这件事放在汉明帝接受哀牢夷内附后面，如果非常简单地把这一页翻过去，读者不会觉得两件事情之间有什么联系。而且，从史料来源上看，这两件事都取自"二十四史"中的《后汉书》，也就是专门讲东汉历史的那一部。在《后汉书》里，哀牢夷内附被记载在卷八十六，黄河泛滥、治理相关事件被记载在卷七十六，相差十卷篇幅，的确没什么关系。但《资治通鉴》把这两件事一前一后放在一起讲述时，本来没有联系的两件事变得有所联系了。回顾前面下讲到哀牢夷内附的时候，《资治通鉴》利用老百姓的歌谣讽刺东汉政府，"汉德广，开不宾；度兰仓，为他人"。讲到黄河泛滥，又有老百姓的埋怨，"恒兴他役，不先民急"。仔细琢磨一下，这8个字，是老百姓冤枉朝廷吗？上面所说的"度兰仓，为他人"，不正是"恒兴他役，不先民急"的例证吗？这就是司马光的高明之处，只是把两件本来不相干的事挪到一起讲述，其他的什么都没说，但意思已经摆在那儿了。这种借历史表达政见的手法在《资治通鉴》中随处可见。

我一直强调，在阅读《资治通鉴》的时候，不仅要知道司马光是位史学家，更重要的是记住他是一位政治家，历史是他表达政见的工具。从前文分析的案例中可以看出，司马光对于施政优先性的表达非常明确，那就是民生优先。《资治通鉴》为什么要这样讲述汉明帝这段历史？很显然司马光是在替东汉老百姓批评东汉政府，有心开疆拓土，无心解决民生问题。但如果司马光仅仅是替东汉老百姓说话，那就真是替古人落泪了，毕竟这些都已经成为历史。司马光真正的目的，是要为生活在北宋的百姓发声，为将来的百姓发声。

司马光的态度，还有更具体的针对性，同样离不开王安石变法的历史环境。王安石变法的核心措施是试图通过理财手段增加国库收入，宋神宗为什么会不顾那么多元老重臣的反对，一心一意支持王安石变法，仅仅是为了增加国库收入吗？并不是这么简单，宋神宗不是财迷，更不是守财奴，比起敛财，他有一个更深层的目标，那就是开疆拓土，为战争做准备。也就是说，他打算在富国之后，利用国库盈余来强兵。

宋神宗为什么会有这个想法？可以从两方面分析这个问题。一是北宋有不少皇帝都有夺回燕云十六州的梦想。从战略地形的角度讲，宋朝是一个先天不足的王朝。在宋朝立国之前的五代时期，其中后晋王朝的创始人石敬瑭，为了获得契丹（也就是辽朝）的支持，把从今天山西省北部、河北省北部一直到辽东地区的 16 个州，割让给契丹人。"燕"是指河北北部，"云"是指山西北部，所以合称"燕云十六州"。到宋朝建立的时候，这十六州绝大多数还在契丹人手里，对北宋国防来说，这是一大隐患。华北平原西部的太行山脉、北部的燕山山脉，这些军事地理要势都在别人手里。所以宋朝人说："中国之险移于夷狄。"北宋首都开封位于河南，唯一可以倚仗的天险是黄河，黄河一旦结冰，北方少数民族的骑兵可以直接渡河，兵锋直指开封，这对国家安全是非常不利的。

所以从五代后期到宋朝前期，很多皇帝都想把燕云十六州收回来。宋初第二位皇帝宋太宗时期曾经尝试过两次，都不成功。到了第三位皇帝宋真宗时期，爆发了澶渊之役，宋军和辽军隔着黄河对阵，谁也消灭不了谁，于是双方通过签订和平协议解决了这场危机。直到宋神宗即位的时候，这份协议已经执行了60多年，整体效果还是不错的。

但宋神宗仍然萌发了要把燕云十六州全都拿回来的想法。除了前面分析的历史原因、国家安全隐患等问题，宋神宗打算这么做，其实还有另一层原因，那就是他需要战场上的胜利来证明自己。前面介绍过，宋朝第四位皇帝宋仁宗没有儿子，第五位皇帝宋英宗，也就是宋神宗的父亲，其实是宋仁宗的侄子。司马光在宋英宗继位过程中发挥过很大作用，所以宋英宗非常尊重、支持司马光。但宋英宗在位期间的政绩，若要实事求是评价的话，那真是不理想。用今天的话讲，宋英宗是个心理承受能力比较差的人，在位短短3年左右的时间，事情干得是一团糟，心理压力大到精神崩溃，最后在心力交瘁中去世。之前司马光等一批大臣支持宋英宗上位，最重要的原因是他小时候曾经生活在宋仁宗身边，和宋仁宗最亲近。没想到他即位后不堪大任，还干了很多荒唐事，这时候司马光秉持原则的个性又凸显出来了，即便这个皇帝是他支持的，但只要皇帝做错了，司马光仍然实事求是地进行批评。这种背景下，宋神宗即位以后的压力也很大，宋神宗知道他父亲在大臣们的支持下登位，却辜负了大臣们的期望，没把国家治理好。宋神宗必须证明自己是合格的皇帝，也想替父亲挣回点面子，所以特别想建立丰功伟业，借此告诉大臣们，把天下托付给他们父子是没错的。

其实站在一个成熟的政治家、思想家的角度来看，宋神宗这种想法是特别幼稚的。这也难怪，宋神宗即位的时候才19岁，放在今天就是一个大学一年级的年轻人，血气方刚，容易冲动，还有比较重的心理包袱。从个人成长的角度讲，这时候的宋神宗特别想证明自己是可以理解的，但从皇帝的行为规范来讲，宋神宗的轻率、冲动会给国家百姓带来灾难。司马光从宋仁宗时代步入仕途，宋神宗已经是他服务的第三位皇帝了，他又对历史钻研得这么透，对古代帝王的行为规律了如指掌，这时候的年轻皇帝在想些什么，他太明白了。所以他特别想劝说宋神宗放弃，因为战争的代价太昂贵了。他想劝年轻的皇帝把注意力拉回到民生上来，认识到国家治理得好坏，民生才是根本。如果醉心于开疆拓土，毁坏民生，那一定不会成为一个好皇帝。可以说，历史上这么干的皇帝没有一个会获得成功。明白了司马光的这番苦心，就能理解他为什么会在《资治通鉴》中如此点评汉明帝时代的施政策略。

为了说明这层道理，司马光在《资治通鉴》里批判得最多的典型帝王形象就是汉武帝。《资治通鉴》卷十七至卷二十二，这六卷篇幅是专讲汉武帝时代的。驱动汉武帝时代的核心事件是对匈奴的战争。汉武帝为了持续战争，不仅消耗了文景之治留下的所有财富，还出台了盐铁专卖、增收人头税等一系列政策，导致老百姓的经济负担翻了很多倍，民间财富枯竭。老百姓的日子过不下去了，只能沦为盗贼，搞得整个国家鸡犬不宁。

也许有读者会问，汉武帝攻打匈奴是为了国家安全，宋神宗试图收复燕云十六州也是为了国家安全，这有错吗？这并非简单的对错问题。我们先来看汉武帝时代，《资治通鉴》引用了东汉史学家班固对汉武帝的批评，内容是这样的，第一部分说："孝武之世，图制匈奴，患其兼从西国，结党南羌，乃表河曲，列四郡，开玉门，通西域，以断匈奴右臂，隔绝南羌、月氏。"这说的是，汉武帝派遣张骞沟通西域，希望在西域找到同盟，两面夹击共同去对付匈奴，后来再派霍去病打通河西走廊（主要位于今甘肃境内），控制西域，起到了断匈奴右臂的战略目标。于是"单于失援，由是远遁，而幕南无王庭"，通过连年的战争，把匈奴残余势力赶到大漠以北，在战略上扭转了中原王朝的劣势，这是汉武帝时期的一大功劳。无论是班固还是司马光，历代史学家都不会否认。

但战争最困难之处并不是如何开始，而是如何结束。一旦战争机器开动起来，再想让它停下，就很困难了。更何况那些充满野心的帝王，在战争的过程中会逐步忘掉初心，忘了最初为什么要打仗，战争目标会随着战争进程而偏移。在对匈奴作战过程中，汉武帝感受到了开疆拓土的成就感与乐趣，随后他向西北、西南、东北等方向进行了更多扩张，而这些扩张目标很多和对匈奴的战争没有关系。扩张之后，从远方进贡来的稀罕东西越来越多，又再次刺激他去开疆拓土。每开拓一个地方都能得到前所未见的新鲜玩意，比如葡萄酒、汗血宝马。奇异的土特产四面八方都朝贡到汉朝，为了装饰炫耀，为了满足自己的欲望，汉武帝"开苑囿，广宫室，盛帷帐，美服玩，设酒池肉林以飨四夷之客，作鱼龙角抵之戏以观视之"。他自己过着穷奢极欲的生活，却完全不管老百姓生活在水深火热之中。在汉武帝时期，黄河也出现了大泛滥，而且整整23年没有得到修治，中原和东南地区数以百万计的老百姓在一片水乡泽国中勉强维持生计，可见汉武帝对民生的忽视程度。

《资治通鉴》对汉武帝的批评是非常严厉的，司马光自己也专门为此写了一条评论，他说："孝武穷奢极欲，繁刑重敛，内侈宫室，外事四夷，信惑神怪，巡游无度，使百姓疲敝，起为盗贼，其所以异于秦始皇者无几矣。"注意，司马光批评的并不是汉武帝打匈奴这件事本身，而是批评汉武帝忘了初心，在战争过程中品尝到了权力的滋味，放大了自己的欲望和野心，置百姓于水火而不顾。今天很多人觉得汉武帝时代是伟大的，若要你穿越回那个时代，恐怕就没那么舒服了，"一将功成万骨枯"，穿越回去后，我们成为霍去病的可能性很小，大概率是成为"万骨枯"的万骨之一。所以生活在那个时代的老百姓并不幸福，这是汉武帝一个人的伟大时代，不是老百姓的伟大时代。司马光的伟大之处就在于，他作为一名政治家，时时刻刻都在关注百姓的感受。

再谈宋神宗时代面临的问题。很多人觉得，北宋之所以灭亡，是武力不振，山川形势不在掌控之中导致，所以宋神宗当初试图夺回燕云十六州的想法是正确的，可惜遭到司马光等一批保守派大臣的反对，没有做成。针对这种观点，我可以明确地回答，这么想是错误的，严重不符合史实。澶渊之盟定下的合约，直到宋徽宗时代，辽朝还在遵守。其间宋、辽两国当然有政治博弈，但整体上说，契丹人遵守合约超过 100 年。宋徽宗是宋神宗的儿子，恰恰是宋徽宗试图完成他父亲未完成的遗志，穷兵黩武，撕毁合约，失道寡助，在对辽战争中全面失败，才失去北面的盟友和屏障，引起女真人南下，导致北宋灭亡。

那时候，司马光等一批老臣都已经去世了，宋徽宗还差点销毁《资治通鉴》。已经没有持重稳健、眼光深远的老臣来驯化帝王的野心，这才上演了靖康悲剧。

早在宋神宗刚暴露出用战争来树立自身权威的想法时，司马光就清楚地洞察了问题的复杂性。宋神宗在位后期，元丰五年（公元 1082 年），司马光中了一次风，健康出现严重问题。当时虽然全国上下还在搞新法，司马光在政治上依然靠边站，但他生怕有些想讲的话，再也没有机会对宋神宗讲了，所以打破多年沉默，给宋神宗上了一道《遗表》，也就是临终遗言。在《遗表》中，他对宋神宗说："臣所惜者，以陛下之圣明，不师虞舜、周宣之德，反慕秦皇、汉武之所为。借使能逾葱岭，绝大漠，鏖皋兰，焚龙庭，又何足贵哉？"司马光所希望的是宋神宗能学习尧舜，与民休息，而不是效仿秦始皇、汉武帝的穷兵黩武。后来司马光病情好转，这封奏章没有成为他对宋神宗讲的遗言，但其中忧国忧民的恳切之意，读者还是很容易体会到的。在这段话里，司马光再次借用汉武帝时代的历史告诫宋神宗，不要轻易发动战争，这是历史评论和时政见解在司马光思想中的结合。

国家的伟大不仅仅体现在版图上，更体现在民生指数上。老百姓如何评价？他们生活得是否安定？如果在国家对外扩张，保持强盛的过程中，老百姓连基本的生活都不能维持，那国家强大的意义又是什么呢？这是司马光最基本的施政理念。中国古代史学家和一些儒家士大夫的光辉之处，正在于他们不是纯粹地站在统治阶层的立场说话，而是能够替那些没有机会发声的老百姓说话。这一点在司马光的《资治通鉴》里表现得尤为明显。

其实在这些看似高远的话题里，同样能总结出对我们普通人有意义的经验教训和实用价值。如果你是一位投资人，一位企业家，一位管理人员，在你的事业版图中，难道一味扩张就是好事吗？如何处理进取与稳健之间的关系，难道不值得思考吗？再下沉一点，说说普通人的生活。最初，很多人努力挣钱的目的是改善生活，促进家庭和睦，但挣着挣着，你最初的那个目标还在吗？当手段变成目的，甚至被手段绑架的时候，你的生活还好吗？《资治通鉴》虽然主要聚焦在治国理政问题上，但它并不是全然不接地气的高谈阔论，它讨论了很多在各个层面都相通的问题。能不能在《资治通鉴》中获得养分，取决于我们是否善于思考和应用。

战争无赢家：慎开先例

帝王将相是国家的管理层，上一篇我们讨论了施政孰优孰先的问题，它属于国家决策层面。如果我们把一个王朝的最高决策者，也就是皇帝，比作一家之主或者一个公司的董事长的话，那么宰相就是这个家庭最重要的另一支柱，或者这家公司的 CEO（首席执行官）了。良好的王朝政治，离不开贤能宰相与开明君主的配合。顺着这一思路，看一看《资治通鉴》是如何塑造历史上贤能宰相形象的，希望能激发大家对日常生活、工作中相关内容的思考。

《资治通鉴》卷二百一十一介绍了一个小人物的故事，以他的生死悲欢为线索，司马光向读者树立了一位大唐贤相的形象。而这个故事却要从另一位大人物的死亡讲起。

隋唐时代，北部边疆最强大的游牧民族是突厥。武则天时代，突厥领袖叫作默啜，这个人不仅能力很强，而且生性狡猾，经常通过各种各样的花招跟武则天打交道。觉得自己实力差的时候，就认武则天作干妈，称臣纳贡，同时向唐朝索要各种好处，等到实力一强，立马反叛，举兵骚扰唐朝边境。再过一阵，想要缓和与武则天的关系了，又帮着武则天去攻打其他不听话的边疆民族。武则天拿他没办法，当时国力有限，不能彻底消灭他的势力，只能跟他周旋。所以《资治通鉴》记载："突厥默啜自则天世为中国患，朝廷旰食，倾天下之力不能克。"所谓"朝廷旰食"，就是太阳都开始往西斜了，皇帝和高官们才吃上午饭，因为一直都在讨论怎么对付这个默啜，始终没有解决方案，所以"倾天下之力不能克"。

等到唐玄宗执政的时候，这个纠缠了武则天整整一朝的问题突然被解决了：默啜被人杀了。这个故事很有戏剧性。当时另外有一个游牧部落叫拔曳固，拔曳固最初是臣服于突厥的，后来闹掰了，默啜就率领军队去讨伐拔曳固，拔曳固当然被打败了。这时候的默啜已经上了年纪，但依然非常骄傲，觉得自己一直把大唐王朝玩弄于股掌之间，小小的拔曳固根本不值一提。所以默啜在获得胜利之后轻易冒进，没有做太多防备工作，结果在路过一片柳树林时，出了大事。之前一部分被打败的拔曳固将士，就躲在这片柳树林里。默啜和他手下都没有发现，还都沉浸在胜利的喜悦中，躲在柳树林的拔曳固将士瞅准机会，从柳树林冲杀出来，手起刀落，干脆利落地把默啜给斩了，蒙古大草原上的一代枭雄就这么莫名其妙地死了。

主持这次猎杀行动的拔曳固将士名叫颉质略。杀掉默啜以后，颉质略捧着默啜的人头不知道该怎么处理。这时候一个小人物郝灵荃出场了。郝灵荃只是驻守边疆的一个小偏将，当时正好出使到突厥办事。虽然身份卑微，但郝灵荃毕竟是唐朝派来的干部，颉质略也知道突厥默啜这些年没少给唐朝惹麻烦，唐朝皇帝和官员们都挺讨厌他，于是就把默啜的首级献给了郝灵荃，希望通过郝灵荃把默啜首级上呈给唐朝中央政府。因为草原上最强大的突厥首领默啜被杀，这属于重大事件，肯定会震惊天下四方的，通报唐朝中央，把默啜首级送到唐朝，当然是合适的选择。

于是郝灵荃就带着颉质略一道来到长安，把默啜的首级献给唐玄宗。唐玄宗得到消息后十分振奋，不仅困扰大唐数十年的难题被解决了，还给了唐玄宗宣扬国威的大好机会。于是唐玄宗下令，将默啜的首级悬挂在广街示众。广街是当时边疆各部落民族乃至东亚、南亚、中亚、西亚等国使节和往来人员在长安居住生活的区域。这种行为有一个非常露骨的潜台词，就是告诉所有国家、部族，你们跟大唐交往，都得老老实实的，胆敢冒犯我大唐的，默啜的下场就是榜样。这件事做得很霸道。

唐玄宗这么处理，郝灵荃可开心了，自以为建立了不世功勋，因为默啜的首级是他护送回来的。不少小人物都梦想着有朝一日能青云直上，逮住一次机会就放大自己的想象，甚至使出浑身解数去利用。于是郝灵荃做起了升官发财梦，希望能从朝廷得到丰厚的奖赏。

那么郝灵荃如愿以偿了吗？他太倒霉了，碰到了一个在赏罚上非常精明的宰相。这位宰相名叫宋璟，是唐玄宗前期的名相之一。宋璟让郝灵荃苦巴巴地等了整整一年，才给了他一丁点儿奖赏，只不过是把他从较低级别的子将略微提升，成为郎将。用今天的话讲，无非就是把你从一个主任科员，提拔成一个副科级干部，根本没有郝灵荃想象的那么丰厚。人们常说期待越高，失望越大，之前他幻想着，朝廷要么封他做大将军，要么是良田美女珠宝。结果做了一整年的白日梦，落得这个结果。最后，故事高潮部分来了，郝灵荃在得知朝廷的"奖励"方案以后，受不了如此巨大的落差，恸哭而死。做白日梦把自己给做死了！这就是郝灵荃这个小人物的人生悲喜剧。

宋璟为什么这么做呢？《资治通鉴》分析说，这正体现了宋璟的高瞻远瞩。宋璟以为，如果重奖郝灵荃，可能会产生一个负面效应：所有边疆驻地的将领都会为了得到朝廷的封赏而挑衅生事。他们会以为，郝灵荃拿到默啜的首级能得到这么丰厚的奖赏，那他们也去斩杀几个部落首领的人头来。这风气一旦形成，边疆就多事了，不仅威胁国家安全，也增加国家财政负担。所以宋璟借郝灵荃这件事立个规矩，让所有边关将士放弃幻想，不要为了邀赏而寻衅滋事。宋璟的做法在今天的生活、工作中也值得大家借鉴，对待一些不同寻常的事件要心存警惕，慎开先例，以免让不正之风借机酝酿，到了后期泛滥的时候，就难以控制了。

这是《资治通鉴》的解释。南宋时期有一位非常有名的学者，胡三省，他可以说是迄今为止研究《资治通鉴》最有成就的学者了。胡三省给《资治通鉴》的解释打上了一个大大的问号，他认为这个解释有问题。胡三省指出，问题的关键不在于宋璟刻意不奖赏郝灵荃的功劳，而是郝灵荃压根就没什么功劳。胡三省说，郝灵荃是"因人以为功"，他不是在战场上厮杀而得到默啜的首级，是别人把功劳送到他手上了，运气好而已。要说有功劳，无非是把默啜首级运送回长安而已，这谁碰上了都能干啊。所以宋璟批给他的赏赐不大，是实事求是、按程序来的，根本没有压制郝灵荃的想法，也就谈不上什么高瞻远瞩了。至于说郝灵荃最终恸哭而死，那是他自己期望过高，有太多不切实际的幻想。

胡三省的批评有没有道理呢？我们看《资治通鉴》前后文，郝灵荃的功劳的确是别人送的，自己并没有作什么实质性贡献，胡三省说得对。既然郝灵荃因人成事的前因后果，《资治通鉴》交代得这么清楚，胡三省的结论也是看《资治通鉴》得到的，那难道司马光自己看不出来吗？胡三省用一个司马光知道的事实去批评司马光，会不会对司马光的理解过于浅薄了？我们读《资治通鉴》这类经典作品，一定要小心，而且一定要有敬畏心。发现经典中所谓的"错误"，其实是很容易的，没有一部经典没被人挑过错。但不要说是普通读者，哪怕是胡三省这样的大专家，他们指出经典的"错误"，就真的是错误吗？会不会其实有更深一层的含义，是他们没能理解透彻呢？仔细研究一下就会发现，在这个问题上，胡三省对《资治通鉴》的批判，犯了只知其一不知其二的错误。

来看一个细节。司马光不仅知道郝灵荃是因人而成功，还进行过详细的考证。在以前的史书上，关于郝灵荃和默啜被杀的关系，有两种说法。第一种说法就是前面介绍的，《资治通鉴》所采信的说法，郝灵荃根本没有功劳，是别人杀了默啜以后把首级献给了他。这种说法源自"二十四史"中的《旧唐书》，依据的是唐朝的档案文献，可靠性比较强。还有一种说法，体现在唐朝另外一位史学家的作品中，说郝灵荃率领着特勒和回纥部落共同作战，斩杀了默啜。如果按照后一种说法，那么郝灵荃真是建大功了，理当受到丰厚的奖赏。

司马光和他的助手经过一番考证，否定了第二种说法，他们认为郝灵荃应该没有上过战场，历史的真相就是他出使突厥，偶然间得到了首级。所以他们根据《旧唐书》的材料编写了

《资治通鉴》这一段。相关考证过程，司马光把它保留在《资治通鉴》的配套作品《资治通鉴考异》中，今天还能查看得到。总结来说，第一，司马光知道郝灵荃因人成功；第二，司马光和他助理还进行了考证，把倾向于郝灵荃有功劳的那个史料给否定了。那么胡三省所说的，司马光没有注意到郝灵荃因人以为功，夸大了宰相宋璟高瞻远瞩形象，这样的批评是不是过于草率了？

既然司马光认同郝灵荃没有功劳的历史事实，又为什么说宋璟是"刻意"压制郝灵荃，不给他封赏呢？这看上去的确有些矛盾。这个问题在《资治通鉴》中找不到正面解释，但可以从与《资治通鉴》的作者团队相关的文献材料中找到答案。

司马光的学生范祖禹，就是那位帮助司马光编《资治通鉴》唐朝部分的助理。他在学术、政治立场上都追随老师司马光的脚步，反对王安石变法。他在宋神宗去世以后写过一篇文章，反思王安石等人对宋神宗的误导。这篇文章中有一段大意是这样的：王安石、吕惠卿不仅鼓动宋神宗变法，还怂恿宋神宗对外用兵，战争给国家、百姓都造成了很大的危害。范祖禹列举宋神宗时代4次战争的例子，其中和交趾（今越南北部）、西夏的两次战争，宋朝各损伤20余万人力，合计死伤40余万人。当时的宰相、大臣，为了建立自己的功业，给国家造成了巨大的损失。最后范祖禹说，"先帝悔悼"，宋神宗非常后悔，对大臣们说，这两次战争"死伤皆不下二十万""朝廷不得不任其咎"，朝廷是要负重大责任的。这是宋神宗晚年的悔悟。

通过范祖禹对宋神宗时代对外战争的批评，联想到《资治通鉴》讲述宋璟、郝灵荃故事时阐述的观点，可以看出这种观点本质上代表着司马光对时代的关心，对时事政治的回应。司马光非常清楚郝灵荃是因人以为功，但他仍要把宋璟塑造成一位高瞻远瞩、不愿轻开战端的好宰相。塑造宋璟的真正目的，其实是为了批判王安石。在《资治通鉴》中唐朝贤相宋璟的反衬下，当代的王安石是一个好宰相吗？显然不是。至于郝灵荃究竟为什么没有得到奖赏，在司马光看来并不是最重要的，他的重点在于借这个历史事件再次表达对时政、国策的看法。这就是我们所说的，《资治通鉴》没有一个字讲宋朝，但处处都针对宋朝的时事，需要读者仔细挖掘。你看，胡三省就没有读出真谛。

第四章

司马光的秩序观

三家分晋：谁是秩序的第一责任人

《资治通鉴》的内涵非常丰富，但要说其中有什么是司马光最重视的，我的回答是两个字：秩序。只有依托良好的秩序，一个社会才能平稳、顺畅地运行。那么秩序的核心要义是什么？人们又应该如何维护一个良好的秩序？这是《资治通鉴》开篇讨论的第一个重要话题。甚至可以说，《资治通鉴》中的第一句话，就是为探讨这个问题精心设计的。

《资治通鉴》的第一句话是这么写的："初命晋大夫魏斯、赵籍、韩虔为诸侯。"这讲的是"三家分晋"的历史事件，它是春秋和战国的分界点。公元前403年，强大的晋国一分为三，形成了韩国、赵国和魏国三个新兴诸侯国。

春秋时代有非常著名的"春秋五霸"，齐桓公、宋襄公、晋文公、秦穆公、楚庄王，在他们背后，是齐、宋、晋、秦、楚 5 个大国。其中宋国相对弱一点，到战国时便戏份不多了，齐国、秦国、楚国 3 个大国，在战国时代依然是强国。那时候有所谓"战国七雄"，分别是齐、秦、楚、魏、赵、韩、燕。历史也以"三家分晋"为标志，从春秋过渡到了战国。

前面提过，《资治通鉴》是接着《左传》往下写的。可《左传》结束在公元前 453 年，《资治通鉴》从公元前 403 年开始写，中间还有 50 年不见了。其实这 50 年并没有被忽略，因为司马光在《资治通鉴》开篇的地方采用了倒叙法，把发生在公元前 403 年的"三家分晋"提前讲述。

首先，司马光为什么用倒叙法？他按照时间顺序往下写不好吗？《资治通鉴》是编年体，就是按照时间顺序叙述，他为什么在开篇要使用倒叙手法，把整整 50 年以后的事情提前讲述？

再回味一下《资治通鉴》的第一句话，"初命晋大夫魏斯、赵籍、韩虔为诸侯"，仔细琢磨，你会发现，这句话居然是没有主语的。《资治通鉴》的第一句话居然是个病句，这算怎么回事？当然，根据常识和上下文，很容易就能把主语补上。有资格任命新的诸侯的当然是周天子，当时的周天子是周威烈王，"三家分晋"这一年是周威烈王二十三年。问题是，司马光为什么要把主语省掉，他的动机和目的何在？

其实答案与本章开头所讲一样，这是司马光为了强调秩序

的重要性，为《资治通鉴》设计的特殊开篇词。为方便讨论，
我先来分析一下这句没有主语的话。

"初命晋大夫魏斯、赵籍、韩虔为诸侯"第一个字是"初"，
表示初次或开始，看似是个中性表达。但在中国古代的历史编
写规则里，这个"初"字很多时候意味着一个糟糕局面的开始。
在孔子编修的《春秋》里，一旦出现"初"字，往往一件坏事
要开始了。所以司马光用"初"字起调，也是在学习孔子编修
《春秋》的笔法，告诉读者，不好的局面将要拉开帷幕。

这件事为什么不好？糟糕到何种程度？它和司马光要维护
的秩序之间，又是什么关系？接着看这句话的结构，司马光在
魏斯、赵籍、韩虔 3 个名字之前加了"晋大夫"3 个字，指明
他们原本都是晋国的大夫，代表晋国魏氏、赵氏、韩氏 3 个家
族。现在他们居然摇身一变，成了诸侯，瓜分了晋国领土，在
各自的地盘里做起国君来了，这是僭越行为啊！一般人都是这
么理解"三家分晋"这个历史事件的。这样理解的话，批判的
重点应该在这 3 个人主动的僭越行为。但是司马光与众不同，
他在《资治通鉴》里批判的重点并不是魏、赵、韩三家，恰恰
是那个被省略的主语，也就是周天子，周威烈王。

在这句话后面，司马光有一篇非常长的评论。整部《资治
通鉴》里，司马光亲自撰写的评论一共有 119 篇。这篇评论不
仅是第一篇，还是最长的一篇，也是逻辑结构最完整的一篇，

甚至可以拿出来作为一篇独立的政论，赋予一个单独的标题：《三家为诸侯论》。

魏、赵、韩三家瓜分晋国，他们僭越属实，的确有错。但他们做的错事，居然获得了周天子的认可，周天子同意让他们升级为诸侯。也就是说，对于消灭原有国君、瓜分领土这么一件离谱的事情，周天子不仅没有谴责、惩罚，居然还给予褒奖，那不是鼓励犯罪吗？

把这一点揭示出来，司马光为什么用倒叙法为《资治通鉴》开篇，答案也就浮出水面了。之所以要倒叙，就是因为这句话重要，宁可把整整 50 年的故事往后挪，也要把这句话凸显出来，因为它关乎司马光思想中一个最核心的基点：秩序的意义是什么，维护秩序的关键又在哪里？

为了反衬周威烈王承认三家为诸侯这一举动的荒唐，司马光在评论里讲述了一个春秋时代的故事，故事发生在晋文公和周襄王之间。

晋文公为周襄王立过大功。周襄王的弟弟造反，他被弟弟赶出来，是晋文公帮助他平定叛乱，把他送回原来的首都。周襄王能够坐稳王位，晋文公居首功。正因仗着这样的功劳，有一次，晋文公趁着酒意向周襄王提出了一个请求。史书上记载的是"请隧于襄王"，按照古礼，只有天子下葬的时候才可以挖墓道，棺木沿着墓道往里运送，这条墓道就叫隧。同样按照礼法，"诸侯皆悬柩而下"，诸侯以及诸侯以下各个级别的贵族在落葬的时候，只能先在地面上挖一个大坑，然后把棺椁从上面垂直吊下去。晋文公对周襄王提出，看在自己有大功的份上，能不能答应等他死了以后也按照天子的规格安葬他。也许很多人都会这样想，晋文公对周襄王有这么大的恩德，不就是挖一条墓道吗，答应就答应了。然而周襄王坚决不允许。他说"王章也"，不同的人有不同的下葬方法，这是王法。他又说："未有代德而有二王，亦叔父之所恶也。"所谓的代德，就是王朝更替。现在王朝还没有发生更替，就有两个王，那是叔父你也不愿意见到的现象。这话怎么理解？当初周襄王的弟弟造反，自称为王，把周襄王赶了出来，晋文公觉得这是不对的，所以他帮周襄王平定叛乱。当时的晋文公认为，天下只能有一个王，就是周襄王。但现在晋文公却要求按照"王"的规格安排自己的葬礼，那不是天下又有两个"王"了吗？这岂不是自相矛盾。

周襄王接着说，如果不必遵守王法的话，晋国这么大，"有地而隧，又何请焉"，晋文公大可随便找个地方给自己造个大墓，并且挖上墓道，何必要来请示呢？不就是因为晋文公也明白，这么做是违背制度的，怕私下做了被别人指责，所以来请示，希望用天子的认可做担保，把不合法的事情合法化。周襄王说得对吗？说得太有道理了。当时，以晋文公的强大，他要是硬来的话，周襄王是没有办法阻止的，但是晋文公听了周襄王的话后，"惧而不敢违"。如此强大的诸侯居然感到惶恐，再也不敢提逾矩的要求了。

司马光评论说，为什么春秋时代相对于战国还能稍微保持一些秩序，就是因为周天子实力虽弱，但他还努力维护秩序，强调礼法和原则，就像周襄王对待晋文公那样。这样的氛围使得晋文公这么强大的诸侯，也不敢轻易违背礼法和天子的意愿。所以周王室才能够仅凭着很少的土地、很少的人口，延绵了几百年，这就是维护秩序、尊重礼法的效果。

针对魏、赵、韩三家升级为诸侯这件事，或许还有人会这么认为：周王室的力量微弱，魏、赵、韩三家非常强盛，即便是周威烈王不允许、不答应，恐怕也不能阻止三家分晋达成，从这个角度看，威烈王只是顺水推舟而已，不能对他苛责太多。司马光则认为，这种观点大错特错。魏、赵、韩虽然强大，如果他们不顾天下公理，敢于突破礼法，不请示周天子而自立为诸侯，"天下苟有桓、文之君，必奉礼义而征之"，其他诸侯当中必然会有人出来主持正义。所谓的桓、文就是齐桓公、晋文公，春秋五霸中最有名的两位，这里用来比喻那些热衷于主持礼法、道义的强国诸侯。当然了，站在功利的角度讲，这些国君也未必真是主持正义。但要注意一个现象，凡是中国历史上的乱世，第一个出来称王称帝的一定会最先被消灭。一片混战当中，大家都在寻找敌人，好扩大自己的势力范围。一旦有人冒天下之大不韪，敢于僭越称帝，就给了别人攻击他的理由。这是天下大乱之际的历史规律。

针对魏、赵、韩，同样的道理，若三家不去请示天子而自立为诸侯，其他强大的诸侯一定会以破坏礼法为由去征讨。至于征讨的目的是主持正义，还是扩张自己的地盘，并不重要，重要的是胆敢僭越的人受到了惩罚。但现在不一样，三家找了周天子背书。周天子一旦同意，他们就是奉天子之命而成为诸侯。这时候要是有主持正义的国君想要讨伐三家，反而变成违背天子的命令了。所以司马光最后说："故三晋之列于诸侯，非三晋之坏礼，乃天子自坏之也。"魏、赵、韩三家虽然越礼，但这件事能办成，归根结底最大的错在周天子。周王室的实力弱，只能靠礼法维持着天下共主的身份，大家出于惯性，认可由天子主持的秩序。现在连这点礼法都守不住了，天子带头违反最基本的秩序，那周朝的统治还能持久吗？这是显而易见的。

时隔 17 年，又发生了另外一件事，"初命齐大夫田和为诸侯"。春秋时代的齐国国君姓姜，但后来政权被国内的大夫田氏家族篡夺了，所以战国时代齐国国君是田氏，历史上称为"田氏代齐"，性质和"三家分晋"一样。田氏其中一代统治者田和，为了把自己的身份合法化，就去找魏、赵、韩三家中的魏斯，请他跟周天子打招呼，向周天子行贿，希望周天子正式承认他齐国国君身份。上一章说过，做坏事一旦受到奖励，就会有很多人来模仿，整个秩序就崩坏了。既然之前周天子承认了魏、赵、韩三家，有什么理由不承认田氏呢？

这就是《资治通鉴》开宗明义讲的第一个故事，司马光通过发表历史评论分享了自己对这个故事的看法，以及看法背后的道理。很多人一看《资治通鉴》被称为"皇帝教科书"，就觉得它是教皇帝怎么玩弄权术，怎么使坏的，事实上绝非如此。《资治通鉴》中司马光批评得最厉害的角色就是天子，因为他在权力结构的顶端，权利与义务对等，他要承担的责任也最大，他犯的每一个错误都有可能导致非常严重的后果。这就是司马光在《资治通鉴》开头就把周天子设置为批判对象的原因。

司马光为什么认为秩序是最重要的？首先，这是儒家传统观念；其次，一位务实的政治家也必然明白秩序的重要性。在《论语·季氏》里记载了孔子的一段话："天下无道，则礼乐征伐自诸侯出。自诸侯出，盖十世希不失矣。"所谓礼乐就是文明制度，征伐就是对不守秩序的人进行讨伐。本来制度设计和发动战争的权力都归属于天子，当"天下无道"，也就是没有秩序之后，权力下移，这些事情就由诸侯说了算。如果由诸侯来主持，秩序最多只能维持十代人，过后就维持不住了。

接下来，权力会进一步下移，就由大夫来主宰世界、掌管政权了，"自大夫出，五世希不失矣"。如果由大夫执掌礼乐征伐，最多过五代人，秩序又会崩坏。权力再往下移，就到了大夫的家臣手里了。春秋晚期就出现了很多由大夫的家臣来掌控国政的现象，比如鲁国。这些家臣被称为"陪臣"，相对于国君来说，大夫就是臣，那作为大夫的家臣，他们是陪着大夫去朝见国君的，所以叫"陪臣"。孔子说，"陪臣执国命，三世希不失矣"。

孔子描述的秩序崩坏是加速的，诸侯执掌秩序，能够维持十代人，大夫掌权仅能维持五代人，到陪臣就只够三代了。翻阅历史，你会发现孔子讲得非常有道理。如果诸侯能挑战天子、破坏秩序，那么大夫为什么不可以挑战诸侯的权威呢？既然大夫可以取代诸侯，陪臣为什么不可以取代大夫呢？所以权力下滑的速度是有加速度的，权威崩塌的速度也是有加速度的。这种情况下，所有人都看到，不遵守秩序乃至于主动破坏秩序，可以得到更多好处，那就会有更多人参与到破坏秩序的行列中去。失去秩序的糟糕局面，反过来告诉人们维护秩序有多重要。

也有人认为，司马光维护的是封建帝王的秩序，所以他只是一个专制政体的拥护者。问题真的这么简单吗？司马光的秩序观还有没有更深层次的含义呢？我会在下一章继续解读。

不以好恶为转移：规则正义

秩序赖以存在的基础，是各项规则。司马光如何看待规则问题，体现在一个非常著名的历史故事中。《资治通鉴》卷六十八，讲述了曹丕和曹植兄弟为了争夺继承权，发生了激烈竞争的故事。在讲这个故事的时候，司马光颇具匠心，而且鲜明地展示了他的规则观念。

故事的开头是这样一句话："魏以五官中郎将丕为太子。"在汉朝，诸侯的继承人也可以叫太子，这句话就是说，魏王曹操任命五官中郎将曹丕为自己的王位继承人。司马光仍然使用了他擅长的倒叙法，先告诉读者曹丕当上太子的结果，然后下文再交代过程是怎么发生的。

"初，魏王操娶丁夫人，无子。"曹操的原配姓丁，这位丁夫人没有生下儿子。曹操为了子嗣，纳了两房妾，一位姓刘，一位姓卞，都生了儿子。刘氏妾生的儿子曹昂最年长；而卞氏妾生了曹丕、曹彰、曹植、曹熊4个儿子。按古人的礼法来说，只有嫡长子才具有王位继承权，而嫡子必须是原配夫人生的。所以，这5个儿子中没有一个是嫡子，古人称之为"庶子"。曹操想了个办法，让丁夫人认养了庶长子曹昂，这样曹昂的身份就转变成嫡长子了，这在古代社会是符合规矩的。但是后来曹昂战死了。这样一来，曹操一妻二妾中，唯一有儿子的就是卞氏了，于是曹操改立卞氏为夫人，那么卞夫人的儿子就都有了继承权。照道理说，曹昂死了以后，曹丕是长子，按次序应该立曹丕。但曹植多才多艺，很得曹操偏爱。除了偏爱之外，曹操也是不愿恪守儒家教条的人，嫡长子继承制就属于儒家教条，他想打破这种规矩。这就使得曹丕和曹植之间出现了竞争关系。

《资治通鉴》介绍曹植的特点，是正面描写，他性格机警，多才多艺。而介绍曹丕，是用一个侧面故事表现。先讲曹操曾经想把女儿嫁给一个名叫丁仪的人。丁仪是有点名气的才子，但他的一只眼睛看不见，属于残疾。这时候曹丕劝说曹操，天下才子那么多，我们曹家的女儿嫁谁不行，何必嫁一个残疾人呢？这会误了妹妹的终身啊。曹操一听，也对，就打消了念头。丁仪知道后当然万分痛恨，他失去了做曹操女婿的机会。

丁仪想要报复，他有个弟弟叫丁廙，两人都有才华，而且和另一位著名才子杨修交好。这一拨既年轻又有才华的人聚集在曹植周围，宣扬曹植的才气，劝曹操立曹植为嗣。这些人的建议其实很符合曹操的心思，但他还有点犹豫摇摆。一方面，他有打破儒家教条束缚的想法，可另一方面，他所依仗的大臣们有许多都是儒家经典的信奉者，而且儒家思想毕竟还是社会秩序的基础，也不敢贸然打破。于是曹操"以函密访于外"，悄悄地写信询问几位重要臣僚。

曹操写的是密函，自然不想让更多人知道，可其中一位叫崔琰的大臣，在收到曹操的密信后，却以公开呈送公文的形式答复曹操。这就有点尴尬了，但崔琰有自己的道理，他说："《春秋》之义，立子以长。"按照《春秋》义法，长子继承才是对的，他夸奖曹丕"仁孝聪明"，有品德又有能力，应该获得继承者的位置。崔琰甚至说，他宁死也要守护曹丕的继承权。在《资治通鉴》的讲述中，崔琰是第一位回答曹操的大臣。介绍完他的发言内容后，《资治通鉴》又点了一笔他的身份，讲明曹植其实是崔琰的侄女婿。按人情常理来说，崔琰应该支持自家亲戚曹植才对，但他却支持曹丕。司马光还安排他第一个站出来发言，这是非常有意思的现象，值得深思。

接下来，《资治通鉴》又阐述了一位名叫毛玠的大臣对曹操的回答。毛玠是曹操的心腹，他说："近者袁绍以嫡庶不分，覆宗灭国。废立大事，非所宜闻。"毛玠先引用前车之鉴，就是著名军阀袁绍的例子。袁绍在官渡之战败给了曹操，但实力仍然非常雄厚，并没有立即退出历史舞台。袁氏集团之所以覆灭，是因为袁绍在临终之前指定小儿子为继承人，在他死后，袁氏兄弟内讧，被曹操抓住机会，各个击破，袁氏集团才彻底一败涂地。毛玠讲这番话的用意非常清楚，就是问曹操，你难道想重蹈袁氏的覆辙吗？毫无疑问，毛玠也是支持曹丕的。

第三位出场发言的人名叫邢颙，是曹操手下的"组织部长"，专管人事。邢颙对曹操说："以庶代宗，先世之戒也。"以小儿子取代大儿子做继承人，这是古人告诫做不得的事。邢颙也是支持曹丕的。《资治通鉴》记录回答曹操密信的3个人，全都支持曹丕。

曹操还是不甘心，过了一阵子，又去找一位名叫贾诩的谋士商量。屏退左右以后，曹操悄悄问贾诩，该如何在曹丕和曹植之间做选择。贾诩默然不对。曹操急了，说："我跟你说话呢，你怎么不回答？"贾诩装作愣了会儿神，才忙不迭地回答说："刚才正在想一件事情，所以没来得及回答。"曹操就问："你在想什么呢？"贾诩说："思袁本初、刘景升父子也。"曹操听完哈哈大笑，贾诩虽然没有正面回答，但曹操已经明白贾诩的意思了。袁本初就是前面介绍过的袁绍，刘景升是东汉末年另一位大军阀刘表，曾占有荆州（大致相当于今天湖北、湖南地区）。刘表和袁绍一样，也把位置传给了小儿子，后来刘氏集团的命运跟袁氏集团一样，在兄弟内讧中覆灭了。贾诩也通过以史为鉴的暗喻规劝曹操，不要废长立幼。

故事讲到这里，可以停下来思考两个问题。第一，司马光在写这段历史的时候，运用了哪些讲故事的手段？这些手段对读者会产生什么影响？第二，你是否看得出司马光本人的态度，作为讲故事的人，他在曹丕和曹植之间支持谁？

先来探讨第一个问题。刚才分析的这段故事，司马光一共让 4 个人站出来发言，他们分别是：崔琰、毛玠、邢颙、贾诩。这 4 个人无一例外，全都支持曹丕。而且第一位发言的还是曹植妻子的叔叔，帮理不帮亲，更衬托出嫡长子继承制度深得人心。与此相反，支持曹植的人都没有获得真正发言的机会。所以司马光的叙事是非常有选择性的。

明白了这一点，那么第二个问题，司马光是支持曹丕还是曹植，就很好回答了。他当然支持曹丕，否则为什么单选支持曹丕的人发言？在讲述这段历史的时候，司马光就像一个编剧，由他来决定哪些人出场，决定他们说什么台词，最后的目的，是要让读者接受与作者一致的观点。《资治通鉴》中有很多这样的案例，司马光通过选择、编排史料，不动声色地把自己的观点隐藏在故事当中，这是司马光的高明之处。

接下来，《资治通鉴》要介绍曹丕、曹植的正面竞争了。有关他俩竞争的史料非常多，司马光巧妙地选择了一个小故事，举重若轻，既凸显了两人的竞争场面，又把他们不同的个性展现在读者面前。

有一次曹操要出征，文武官员、曹丕、曹植都去送行。临别之际，曹植表现得非常好，他站出来称颂曹操的功德，洋洋洒洒，出口成章。他的才华让在场文武大臣刮目相看，曹操也感到高兴。弟弟出风头的场面让曹丕很不自在，但他自己也知道，文采上是比不过弟弟的，所以站在一边既惆怅又失落，不知道待会儿轮到自己的时候说什么好。曹丕的尴尬，被他的朋友吴质看出来了。吴质悄悄在他耳边说了 7 个字："王当行，流涕可也。"意思是，你哭就是了，啥也不用说。这 7 个字成了曹丕的救星，马上帮他扳回一城。轮到曹丕辞行的时候，他什么花里胡哨的话都不说，一个劲儿地哭泣、拜别，表现出依依不舍的样子。吴质这招太聪明了！文采上曹丕怎么比怎么输，那就不比文采，谁也没规定今天非得表现文采呀。父子临别，你爹一把年纪了还要领兵打仗，多艰难、多危险啊，你打感情牌，多多体现作为儿子对父亲的依恋、不舍、关爱。这么一来，"操及左右咸歔欷，于是皆以植多华辞而诚心不及也"。所有的人都唏嘘感慨，觉得曹植讲得好是好，但只是些华丽而空洞的辞藻，比起对父亲真挚的情感就不如曹丕了。曹丕痛哭无言，恰恰说明他对父亲爱得深沉，都哭得说不出话了。

这一局，曹丕在吴质的帮助之下获得胜利。但是曹丕的表现真的是出于对父亲真挚的爱吗？当然不全是，他只是想赢得父亲和大臣们的认可，并且赢过弟弟。他的伪装很成功，骗过了在场的多数人。《资治通鉴》顺势介绍了曹植和曹丕不同的个性特点，各有 8 个字的核心描述。曹植是才子，往往"任性而行，不自雕饰"，也就是有点放荡不羁。而曹丕则更有心机，"御之以术，矫情自饰"，很有表演性，把自己装扮得很好。所以为曹丕说好话的人也越来越多，最终曹操决定将曹丕立为太子。

曹丕成为太子之后，当事人作何反应呢？《资治通鉴》的描述角度很奇特，没有直接讲曹丕、曹植这两位当事人的反应，而是先写曹丕的母亲卞夫人。很多人去祝贺卞夫人，说她儿子被立为太子，大家都替曹丕感到高兴，这么大的一件喜事，卞夫人应当发个大红包以示庆祝。卞夫人却说，曹丕是长子，被立为太子是应该的，好在自己教育他的过程中没犯什么错误，没有把他教育成一个废人，所以现在能顺利成为太子。这件事她哪有什么功劳，为什么要沾沾自喜地表示庆祝呢？

介绍完卞夫人的态度，《资治通鉴》才讲到曹丕的反应。曹丕得到消息时，恰巧有一位名叫辛毗的官员在身边，曹丕冲上去搂住辛毗的脖子说："你知道我有多开心吗？"请注意，搂搂抱抱在现代人看来是很正常的事，但在讲究礼节的古代贵族生活中，尤其是君臣相见的正式场合，这是完全不符合礼仪规范的，可以说是非常轻浮的举动。所以辛毗感到很尴尬，回去以后就把这件事告诉了女儿辛宪英，说曹丕都高兴到毫无举止仪态了。辛宪英听完，给出如下反应，"宪英叹曰"，《资治通鉴》突出了她的语气，用一个"叹"字表明了辛宪英对此持负面态度。辛宪英说："太子，代君主宗庙、社稷者也。"太子是要在将来代替现在的君主主持国家大事的。首先，太子总有一天要代替现在这位君主，也就是他的父亲，这种替代关系意味着父亲迟早要去世，所以"代君，不可以不戚"，想到这件事情，太子的心情应该悲伤，而不是高兴。其次，主持国家大事，是多大的责任，全在一个人的肩上，应该谨慎、惶恐，生怕自己做不好才对，所以"主国，不可以不惧"。结果曹丕一听说自己要做太子，马上高兴得忘乎所以，忘了自己的责任，忘了自己为什么存在，这不就是轻浮吗？

故事讲到这里，大家再体会一下《资治通鉴》讲故事的技巧。这一段里，先介绍了卞夫人，后介绍了辛宪英，两个人都能客观理性地看待太子问题，而且两位都是女性。唯独曹丕一个男性夹在中间，得意忘形，轻浮草率。《资治通鉴》是不是在暗示，曹丕在一些关键问题上的见识还不如当时的女性呢？司马光如此描述这段历史，他对于曹丕这个人是喜欢呢，还是不喜欢？很显然，司马光并不喜欢曹丕。但前文明明分析过，在曹丕和曹植的竞争中，司马光是支持曹丕的。但到最后，读者又能体会出司马光完全不喜欢曹丕这个人。不喜欢他，为何要支持他？

其实谜底也不难猜，司马光支持的是规则和制度，并不是曹丕这个人。按照嫡长子继承制，的确应该由曹丕来继承大位。尽管《资治通鉴》描述曹丕虚伪、轻浮，但无论是故事前半段出场的崔琰、贾诩等四人，还是故事后半场出现的卞夫人，他们都赞成曹丕成为太子，都强调嫡长子继承制度的合理性，这和作者司马光的思路是一致的。《资治通鉴》展示的是这样一个道理：规则一旦形成，就不应该以个人的好恶进行随意的修改。不能因为喜欢某个人而不顾规则，同样，不能因为讨厌一个人而剥夺他符合规则的权利。

再拔高一点思考，规则仅仅是工具，还是它有自身的价值？遵守规则本身就是目的吗？很多人认为规则仅仅是工具，是为了达到其他更高的目标而存在的。比如交通规则，是为了保证安全。但很少有人思考过，工具的特点是人认为有用的时候拿来，觉得没用了就抛开。那么，当某位驾驶员认为他的驾驶行为完全不妨碍交通安全的时候，他是否就可以不顾交通规则了呢？规则是公共的，是属于所有人的。当一个人遵守规则时，并不仅仅是在约束自己，还是对他人负责。所以，一套所有人都遵守的规则，不应该由某个人凭自己的感受说了算。从这个意义上说，规矩不仅仅是工具，它就是目的本身。也就是说，如果要达到真正的文明，那么遵守规则本身就是目的，而不是为了另一个目的去遵守规则。完全用工具理性的态度来对待规则，是不正确的。如果人们想生活在一个更自由，更容易掌握自己的世界里，就需要清楚规则是什么，然后按规则做事。很多人喜欢说，人是活的，规矩是死的，你们读书人就是不懂得变通。这句话听上去很聪明，但古往今来，总有很多人只注重结果，不注重过程；只强调达成目的，不重视手段的正义性，最终造成了众多负面的结果。

三家灭智伯：德与才的关系

我在前文中提到，司马光为了突出秩序的重要性，采用了倒叙法，把"三家分晋"这一历史事件提前，而作为"三家分晋"前奏的"三家灭智伯"故事反而被押后了。所谓"三家灭智伯"，指的是魏、赵、韩三大家族联合起来消灭了当时晋国最大的家族智氏，这件事发生在公元前453年。智氏家族的实力远远强过魏、赵、韩中的任何一家，如果智氏没有被消灭，就轮不到魏、赵、韩三家瓜分晋国。这个故事虽然被司马光押后了，但借这个故事体现的观念，在司马光的思想体系中十分重要，司马光也为此事写了一篇系统且深入的评论。那么，这个故事是怎么发生的？司马光又借这个故事说了些什么呢？

故事的主角是智氏家族的掌门人智伯。智伯不仅是作战技巧娴熟的武士，还多才多艺、口才极好，做起事情来有决断力和行动力。虽然智伯有那么多才能，却有一个致命缺陷，一位智者曾评价他"甚不仁"，也就是非常不厚道，没有仁爱之心。同样是有才能的人，有些人谦虚低调，不因为自己有才就轻易地看不起别人，更不会动不动就欺负别人，这类人就属于德才兼备。还有些人，仗着自己的才能，待人傲慢，处处自以为是，甚至仗着实力欺凌别人，这种人就属于有才无德。智伯就属于后一种，是一个有才无德的人。

有一次，傲慢的智伯和另外两个家族的领袖魏桓子、韩康子一起喝酒。喝着喝着，智伯就开始辱骂起魏桓子和韩康子来，搞得他俩很没面子，但又不敢公开发作，因为智伯不仅个人能力很强，智氏家族还是晋国最有实力的家族，他们担心闹起来又打不过智伯，只能灰溜溜地走了。智伯欺负别人几次以后，看别人不敢反抗，就更加自我膨胀了。后来发展到干脆向其他家族勒索土地的地步。从古至今，土地都是非常宝贵的财富。智伯先是问魏、韩两家要地。魏桓子和韩康子城府较深，都乖乖地把地给了智伯，因为一来他们不愿意和智伯发生正面冲突，二来也想留一个坐山观虎斗的机会，希望别的家族出头，跟智伯打起来，那么自己就可以渔翁得利了。果然，当智伯敲诈到赵氏家族的时候，出事了。赵氏家族的领袖赵襄子，是一个年轻气盛、血气方刚的新领导人。他觉得智伯蛮横无理，哪有这样肆意勒索别人的？盛怒之下，他断然拒绝了智伯的要求。

对于赵襄子的行为，智伯很生气，别人都不敢拒绝他，而赵襄子居然敢拒绝他。不讲理的人都是这样的，从来不反省自己的行为对不对，只要别人不顺他的意，他就认为是别人的错。盛怒之下的智伯率领军队去攻打赵襄子，还叫上了魏桓子、韩康子一起。赵襄子一开始遭到智氏、魏氏、韩氏三大家族的合攻，节节败退。后来，赵襄子派人去找魏桓子和韩康子，对他们说：你们难道不懂唇亡齿寒的道理吗？赵襄子的意思是，我们韩、赵、魏三家相互依存，唇亡齿寒。智伯今天能消灭我，明天也能消灭你们啊。如果我不存在了，到时候帮助你们抵抗智伯的力量不就少一支了吗？其实魏桓子和韩康子何尝不知道这个道理，听赵襄子的使者这么一说，当即表示三家应该联合起来，共同反对残暴的智伯。于是他们三人约定了时间，打算共同起事，一起推翻智伯。

到了那一天，赵襄子按事先约定，率领军队从城里冲杀出来，正对着智伯的军队发动进攻。而魏桓子、韩康子则从两翼发动攻击，协助赵襄子打败了智伯。最终，不仅智伯在混战中被杀，智氏家族也遭受了灭顶之灾，从此退出了权力舞台的中心。

讲完故事后，司马光评论说："智伯之亡也，才胜德也。"智伯的灭亡，就是因为他太有才能，却忽略了品德。因为有才能，所以可以去做他想做的事，而且能做得比其他人更强。因为没有品德，所以也没有做人的基本原则、基本底线，最终做的都是些不该做的事。

司马光又说："才者，德之资也；德者，才之帅也。"这是《资治通鉴》的著名金句之一。所谓"才者，德之资也"，意思是说，对一个有品德的人来说，才能是他的资本，能帮助他把事做得更好。而人的才能，必须由品德驾驭，才可以确保发挥在正确的用途上，这是"德者，才之帅"的含义。只有当一个人拥有了品德，才知道什么是理当做的，什么是不应该做的。一个有才无德的人，靠着才能去干坏事，比一般人更具有破坏力，就像智伯这样。所以，离开了品德的才能，未必是好事。

俗话说"金无足赤，人无完人"，对人不能求全责备。但看完智伯这个故事，我们应该重新思考这句话。所谓"人无完人"，应该从才能的角度去理解。当然不可能要求一个人具备所有的才能，比如不能要求一位历史老师必须懂数学，也不能要求数学老师必须是长跑健将。但"人无完人"这一点，不能扩展到品德领域，人缺什么都不能缺德。无论这个人是哪方面的人才，如果品德不过关，都不是一个合格的社会人，最终是无法被社会接受的。

世界上有那么多人，每个人的想法都不一样；每天发生这么多事，每件事的特点也不一样。为了确保整个社会仍然秩序稳定，不因为人和人的不同就陷入混乱，我们在与人相处、共事的时候，就必须遵守一些共同准则，而对人的品德要求，就是这些共同准则的基本底线。所以，品德不仅是一种自我修养，也是在社会上与他人相处的基本准则。

以上这些道理，绝大多数人都能接受。但司马光在评论中还提出了一个观点，可能引来不少人的质疑。司马光说，在用人的时候，如果出现只能在有才无德、无才无德之间二选一的情况，宁可选择那个无才无德的，也不要选择有才无德的。因为无才无德的人虽然创造不了什么价值，但破坏力也不强。而有才无德的人一旦搞起破坏，后果就不堪设想了。很多人听完就纳闷了，有才无德的人，至少还有才能可提供价值；无才无德，这样的人要他干什么呢？再者，曹操不就是打着"唯才是举"的旗号，重用那些有才无德的人，最终取得成功的吗？

这些质疑当然是有道理的。但还要注意，曹操的"唯才是举"策略在《资治通鉴》中有明确记载，司马光当然知道这个策略对曹操的成功很重要，但他还是说出了宁要无才无德，不要有才无德这样的话，这是司马光自相矛盾吗？其实没有那么简单，如果能更深入地看待历史，就会知道，曹操"唯才是举"的效用与司马光的观点并不矛盾，我将在实践篇中专用一章来讨论"唯才是举"的话题。

司马光的道德优先论，在《资治通鉴》中俯拾皆是。但道德也有不同层面，对现代社会、现代人的启发也会有很大不同。

接下来我分享一个对现代社会、现代人更有直接意义的故事。

东晋末年到南朝初期，有个人名叫谢弘微。谢氏家族是那个时代最有声望、最有权势的家族之一。谢弘微在《资治通鉴》里出现，和他一位堂叔有关，这位堂叔名叫谢混，而谢混的爷爷就是东晋中期的名相——领导东晋在淝水之战中打败前秦的谢安。谢弘微年纪轻轻就得到皇帝的赏识，是政坛上的重要人物。他性格谨慎、庄重，平时不苟言笑但很和气，办事情也有能力，有自己的原则，不做伤害别人的事，哪怕是对那些持有不同意见和态度的人，也不会利用自己的权势去打击对方。因此堂叔谢混对他也是高度认可。

谢混在东晋后期当过宰相一级的高官，但在一次政治斗争中失败被杀。谢混的夫人是出身皇家的晋陵公主。谢混被杀后，皇帝下令让晋陵公主和谢家断绝关系，改嫁他人。晋陵公主和谢混感情深厚，一开始不愿意离开谢家，但最终还是无法违抗皇命，改嫁到一位姓王的官员家中。晋陵公主一离开，谢混家就没有当家人了，他们夫妇只有两个未成年的女儿，还有全家其他老老小小一群人、一堆事，这可怎么办？在离开之前，晋陵公主想到了谢弘微，谢混生前多次表扬这个侄子既有品德又有才能，把家里后续大大小小的事情托付给谢弘微，应该是一个不错的选择。于是晋陵公主找来谢弘微，把家事都托付给他。

谢弘微用心经营着谢混留下的众多田庄、房产，管理家族人口，安排他们生产、生活，一丝一毫都不敢大意。为了把财务整理清楚，每一笔钱财进出，谢弘微都仔细记录，哪怕是很少的一笔钱，谢弘微也要理清楚。等谢混的女儿到一定年龄，他还给她们安排婚事，分配财产，毫不马虎。这样的日子过了9年，东晋王朝灭亡了，继之而起的新王朝，是刘裕建立的宋朝。进入新王朝以后，朝廷允许晋陵公主自己选择是留在王家，还是回到谢家，晋陵公主选择回到谢家。一进家门，晋陵公主看到家里的一切都井井有条，房子被打理得整齐干净，粮仓里的粮食储存得满满当当，家人们都幸福安康地生活着。再到田庄上一看，农田也有专人管理，而且能种粮食的土地比以前还增加了。晋陵公主感慨道，难怪谢混生前这么欣赏这个侄子，现在家里被照料得就跟谢混还在世时一样，和谐富足。

　　不幸的是，晋陵公主在回到谢家的当年就去世了，两个女儿也已经出嫁，接下来该考虑家族财产如何分配的问题。了解情况的人都说，现在这家人拥有的财富，比谢混在世的时候还增长了很多，这都是谢弘微的功劳，所以再分配的时候也应该有谢弘微一份。而且很多人都认为，把现有的财物分给两个女儿，剩下的土地、房屋等不动产归谢弘微，这个分配方案是公平的。因为古代是严格的父权社会，女儿嫁出去后就是别家人了，所以那时候的人们会觉得带些现成财物过去作嫁妆就可以了，不动产归谢弘微的话，这些财产就还留在谢氏家族，在当时的人看来，这非常合理。更何况这些土地、房屋中，要么是谢弘微辛辛苦苦经营维持的，要么是谢弘微新开拓的。但谢弘微一律推辞了，把所有财产都分给了谢混的两个女儿，以及谢混的兄弟、姐妹家，自己分文不取。不仅如此，还拿出自己的钱为晋陵公主办了葬礼。谢弘微能把谢混的家业经营好，体现出他的能力；最后在财产分配上的表现，体现出他的品德。德才兼备这个成语，谢弘微当之无愧。

听完这个故事，你想到了什么？我想到了一个非常现代化的词语：信托。现代信托业的雏形，最早出现在 13 世纪的英格兰。当时的人们为了规避遗产税，把自己的土地等财产转移到受委托人名下，这些受委托人暂时占有这些财产，处理相关收益。等委托人去世后，受委托人应该按照委托人的生前意愿，将这些财产转交给委托人指定的受益人。这样成功地规避了遗产税，但也产生了一些风险，核心问题是受委托人是否可靠。信托业在实践中逐步成熟，是现代社会形成非常重要的标志。一方面，信托需求促进了司法制度的发展，对司法独立起到了推动作用。进而这套理论被更深入地研究、阐释，人们认为政府和人民之间也是一种信托关系，出于信任，人民把统治权力交给了政府，这是现代政治中非常核心的有限政府论的源泉。另一方面，它让我们看到信任的重要性。社会中的每一个人，可以被信任的程度越高，人们相互信任的程度越深，这个社会运转越有效，也可以生产出更多的财富，建立更和谐的社会秩序。很显然，信任的前提是道德。也就是说，在一个社会中，人们越是重视道德，越是珍惜自己的声誉，它的维护、运转成本就越低。

谢弘微在谢混身后帮助处理家事，当然不是现代意义上的信托。但这件事让我们看到传统和现代的联系性。传统社会需要道德，谢弘微表现出的就是一种传统道德。现代社会更依赖于法治，但这并不意味着道德在现代社会中仅处于附属性地位，也不能认为道德的功能在很大程度上可以被法律取代。恰恰相反，道德作为社会运转的基础，已经润物细无声地浸入到一些基本的现代社会制度中了。传统社会和现代社会，最重要的区别是个人能不能按照自己的意愿，作出各项选择，比如选择配偶、选择工作，甚至选择性别。一个生活在真正现代社会中的人，他在作这些选择的时候，不会被家族或其他任何一种集体立场、利益所裹挟。而在传统社会中，每个人的行为都会受到家族利益、教团立场或者是意识形态的限制。比如罗密欧和朱丽叶谈不成恋爱，是因为他们所在的家族是世仇，这就不是现代社会该有的事情。清晰了这一点，我们就应该明白，传统社会和现代社会的区别并不在于该如何看待道德作用。在传统社会中发挥着积极作用的道德，到了现代社会同样是具有极大意义的。《国富论》的作者亚当·斯密还写过一本《道德情操论》，在亚当·斯密看来，道德不仅和有限政府、自由市场一样重要，甚至可以说，没有道德基础，后两者都难以真正实现。所以，《资治通鉴》中的道德说教随处可见，并不是司马光迂腐，而是看透千年历史本质之后的深谋远虑。《资治通鉴》所强调的这些内容对现代社会仍然是有深远意义的。

第五章

一切历史都是当代史

冯道的两极评价：时代的认知变化

"一切历史都是当代史""历史是现在和过去的对话"，通过前面若干章节的详细介绍，分析了《资治通鉴》的创造与王安石变法之间的关联，我对这两句话有了更为深刻的了解。

其实，根据当前的立场或者当代意识，重新解释历史是历史书写的常态。即便没有碰上王安石变法，司马光也会用自己的价值观重新裁量历史。不仅司马光如此，古今中外的大史学家们都逃不出这条定律，只不过有时候自觉，有时候不自觉。其中的道理，说穿了也不复杂，我们每一个人都生活在具体的时空范围内，这个范围界定会深深地影响我们的行为和习惯。同样，每一个史学家也都是在具体的时空环境内形成他的思想。即便面对同一个历史人物、历史事件，不同思想取向的思想家、史学家，一定会有不同的解释。这一章，我就举一个典型案例来说明，故事的主角是五代时期的名人，冯道。

冯道出生在公元 882 年，去世于公元 954 年，瀛州景城（今河北河间）人。公元 907 年，后梁的开国皇帝朱温称帝，那年冯道 25 岁，正处在适合出仕的年龄。公元 954 年他去世时 73 岁，此后仅仅过了 6 年，赵匡胤黄袍加身建立宋朝，五代终结。可见，冯道的一生几乎和五代这个乱世同始同终，而且冯道还是这乱世中最有代表性的"官场不倒翁"。

五代，指的是介于唐朝和宋朝之间的后梁、后唐、后晋、后汉、后周 5 个小王朝，前后历时 54 年，共 14 位皇帝，政权变动非常频繁。然而冯道的官位却非常稳定，14 位皇帝中只有 4 位是冯道没见过的，余下 10 位见过他的都重用了他，而且其中 9 位任命他为宰相。古代有一个词叫"得君"，就是受到皇帝的赏识，冯道的得君率几乎是 100%，做宰相的概率是 90%。

这样一位传奇人物，在他生前身后，却出现了截然相反的两种评价声音。冯道 73 岁去世，而孔子也是 73 岁去世的。当时很多人称冯道"寿齐尼圣"，称赞他和孔子有相同的寿命，把他和孔子放在一起评价，极尽推崇之意。一直到北宋初年，宋太祖时期的宰相范质还称赞冯道"厚德稽古，宏才伟量，虽朝代迁贸，人无间言，屹若巨山，不可转也"。虽然朝代变化了，新贵上台了，但大家都不认为冯道不好，甚至都要借着冯道的品德来巩固自己的统治。所以范质认为，冯道能够在多个王朝中做宰相，恰恰体现了这个人品德高尚。

但到了北宋中期，欧阳修编《新五代史》，情况就不一样了，他的观点与范质完全相反。王朝更替了这么多次，冯道是何等不知羞耻，才会一直赖在宰相的位置上，这不就是不忠的典型吗？欧阳修认为，冯道不知疲倦地侍奉新主，丝毫没有廉耻感。所以在《新五代史》里，冯道的传记被收入《杂臣传》，这一听就不是好名字。五代时期王朝更迭速度快，很多人都是任职几朝，欧阳修的《新五代史·杂臣传》里一共收录了145个人，其中最典型的就是冯道。从宋初到北宋中期，短短几十年时间，为什么人们对冯道的评价发生了180度的大转变？

先来看看早期史书中的冯道形象。北宋初年编过一部《旧五代史》，对冯道的评价、定位和范质的观点是一致的。《旧五代史·冯道传》评价冯道："少纯厚，好学能文，不耻恶衣食，负米奉亲之外，唯以披诵吟讽为事，虽大雪拥户，凝尘满席，湛如也。"这段话体现了冯道有3项良好品德。第一，好学。他自幼纯良厚道，文章写得很好。第二，节俭。他不耻恶衣食，《论语》记载过孔子的言论，如果一个人嘴上讲自己有志于道，却不堪忍受粗糙的食物和衣服，这样的人是不足以言道的。反过来说，如果一个人有志于道，同时能不耻于恶衣恶食，那么他一定拥有良好的品德。第三，孝顺。所谓"负米奉亲"，是指自己背着米给父母送过去。除此之外，冯道"惟以披诵吟讽为事"，就是说他不被其他事务扰乱，只专心于读书。

宋朝初年有位文坛领袖叫杨亿，写过一部《谈苑》，里面讲了一个故事，也体现了冯道孝敬的品德。冯道在外地做官时得到父亲去世的消息，"即徒步见星以行"。古代不像今天有路灯，那时人们晚上一般不出门，即便奔丧，也要等到天亮后才起程。而冯道一接到父亲去世的消息，当晚就出发了，这时唯一能给他指路的就是天上的星星。而且他什么行李都没来得及带，"家人从后持衣囊追及之"。最后是家里人追上来给他一个衣囊。这里的冯道形象和《旧五代史》是相呼应的。

冯道在后晋任职时，曾多次奉命去协调和契丹人的关系，为了方便工作，冯道居住在常山郡（今河北正定，靠近石家庄）。由于常山郡是游牧部落向中原突进的重要地带，经常有这一带的士女（指士大夫或有身份人家的年轻女性）被契丹人俘虏。冯道出使契丹，如果碰到中原士女，总是自掏腰包把这些人赎回来，又把她们寄养在庵堂寺院，逐一问清她们家住何方，姓甚名谁，再代她们寻访，帮助她们回归家庭。可以说冯道做过不少好事。

与此相比，冯道身上还有更宝贵的品格，他不是一个唯唯诺诺的人，而是坚持原则、气节的人。冯道这样的"官场不倒翁"，通常会被认为一定非常圆滑，不轻易得罪人，尤其不得罪皇帝，但事实恰恰相反，冯道多次站在"领导"的对立面。

第一位任命冯道为宰相的皇帝，是后唐的第二位皇帝唐明宗李嗣源。李嗣源是个出身沙陀族的武夫，不懂仁义治国理念。冯道经常用一些浅显的比喻告诉唐明宗治国应该注意些什么。比如有一次，唐明宗非常得意地对冯道说："这几年打仗少，农业也能丰收，老百姓过得不错。"冯道回答说："我以前经常奉命出使中山，要经过非常险要的井陉关。这段关隘窄到两匹马都不能并排前进，悬崖下是万丈深渊。所以每次走到这里，我都心惊胆战，非常谨慎，紧紧抓住缰绳，生怕掉下去。一旦出了井陉关，到平坦的康庄大道上，我悬着的心就落下来了，觉得终于安全了。可令我意想不到的是，手中的缰绳刚松开，马就狂奔起来，把我摔了下来。可见在危险的境遇中，人们往往会自我提醒，规避风险。恰恰是在安逸的状态下，人的警惕性不强，反而会出事。管理天下也是一个道理，不要觉得现在年成很好，就好像天下无事了，要懂得居安思危。"

唐明宗继续说："既然这几年农业收成好，农民的生活应该是不错的吧？"冯道说："农民是最辛苦的一个群体，年成不好，他们会饿死；年成好，谷子价钱低，而官府的税依旧很高，他们的日子仍然过得苦巴巴。晚唐有一位诗人叫聂夷中，曾经写过一组悯农诗，其中有一句，'二月卖新丝，五月粜新谷。医得眼下疮，剜却心头肉'。卖了新丝新谷，能换回一点应急钱，但长远来看，农民的生活始终是辛苦的。"

唐明宗听完深受感触，找人把这首诗抄下来，经常背诵，时刻提醒自己，老百姓的生活有多么不容易。从这个角度来看，冯道是一个好宰相吗？他当然是。他通过技巧性的建议，让皇帝真正懂得老百姓的生存状态，尽到了宰相的职责。

冯道曾写过一句诗："但教方寸无诸恶，狼虎丛中也立身。"他内心清楚，五代时期的皇帝，本质上都是军阀，都是通过暴力抢夺政权，如同虎狼一般。要尽到为官的责任，必须有技巧地和这些人周旋，才能帮百姓做点好事。这就是乱世之中，冯道的处世理念。

等到欧阳修编写《新五代史》时，对冯道的评价突然从极度正面变成了极度负面。欧阳修有一篇专论，批判以冯道为代表的五代官员，分成3段，第一段讲原则："礼义廉耻，国之四维；四维不张，国乃灭亡。"这是引用《管子》中的一句话，说如果一国之人都没有礼义廉耻，那国家肯定会灭亡。"礼义，治人之大法；廉耻，立人之大节"，礼义是管理社会的手段，廉耻是一个人自我管理的基本原则。"况为大臣而无所不取不为，则天下其有不乱，国家其有不亡者乎！"身为大臣，如果不讲廉耻，天下怎么会不乱，国家怎么能维持下去。欧阳修接着说："予读冯道《长乐老叙》，见其自述以为荣，其可谓无廉耻者矣，则天下国家可从而知也。"冯道自称"长乐老"，写过一篇自传，题为《长乐老自叙》，叙述了他几朝为官，服侍过几个皇帝。欧阳修认为，冯道居然以此为荣，完全是不知廉耻的表现。

第二段内容，欧阳修对整个五代时期的大臣做了概括性描述："予于五代得全节之士三，死事之臣十有五……独出于武夫战卒，岂于儒者果无其人哉？"五代有没有忠臣？有，他举出了18个人，其中3位全节之士，都是只忠于一个王朝的。五代54年历史，欧阳修只找到3位从一而终的。另外15位，虽然未必从一而终，但他们都是在原先的阵营中过得不如意，而后投奔另一个阵营，并在那个阵营中效忠至死。与全节之士比，他们虽然差一点，但至少还算有气节。

欧阳修总结说，这18个人居然全是武夫战卒，没有一个是文人士大夫。他感到非常奇怪，"岂非高节之士恶时之乱，薄其世而不肯出欤？"文人士大夫中的高节之士，是觉得这个时代不好而不愿意出仕吗？"抑君天下者不足顾，而莫能致之欤？"还是说皇帝们人品卑劣，不足以吸引优秀文人去辅佐？以至于在已经出仕的这些高层士大夫中，找不到一个能够尽忠尽节的人。第二段的大意，是对五代时期世风的描摹。

接下来第三段，欧阳修讲了一个小故事。五代时期有一位名叫王凝的小官员，老家在青齐之间（今山东一带），而他的工作是在虢州（今河南西部地区）。很不幸，王凝在任期内因病去世，客死他乡。生活余下的艰辛全都压在了他的遗孀李氏身上，他们还有个未成年的孩子。古人讲究落叶归根，李氏决定把丈夫的遗骸运回老家，葬进祖坟。就这样，在乱世之中，李氏一个妇道人家，独自带着孩子，运送亡夫的遗骸回老家。可以想象，这是一件非常艰难的事。

归途中，李氏路过大城市开封，想找一家旅店投宿，结果被旅店主人拒绝了。很可能是店主人迷信，觉得服丧运灵的女人太晦气，会影响店里生意。但李氏看天色已晚，不能再出城赶路了，于是哀求店主人，请他同意借宿。没想到店主人极不耐烦，拉着她的臂膀，把她甩到了店外。被拒绝、羞辱的李氏仰天痛哭，说道："我为妇人，不能守节，而此手为人执邪！"意思是，我身为妇人，丈夫死了，还被人抓了手臂，这是不能守节啊！说完，惊心动魄的一幕出现了，李氏"即引斧自断其臂"，她拿起随身携带的斧头，瞄准被店主人抓过的手，一下把自己的手臂给剁了。

分析推断一下，李氏的反应为什么这么激烈？她本就遭受了不幸的命运，再加上一路风霜劳苦，可能还会遇到流氓骚扰，她内心所承受的痛苦一定是非常大的。现在只不过是想投宿一晚，在她看来是很平常、很正当的诉求，居然遭遇店家如此对待，于是心中的积怨瞬间爆发，作出了非常冲动的决定，发泄式地自残。

但欧阳修认为，这是李氏气节的表现，她仅仅因为手被抓了一下就自断其臂，可谓刚烈。后来这件事闹得沸沸扬扬，甚至传到了开封府府尹的耳朵里。朝廷得知以后，"厚恤李氏"，给了她很多抚恤金，而"笞其主人"，惩罚了店主人。故事讲完后，欧阳修总结说："呜呼！士不自爱其身而忍耻以偷生者，闻李氏之风宜少知愧哉！"五代的士大夫不知道重视节操，忍辱偷生，反观李氏所为，难道不惭愧吗？很显然，欧阳修讲这个故事的目的就是讽刺以冯道为代表的一批没有节操的士人。

在《资治通鉴》中，司马光在引用欧阳修的评论之后，又加了一段自己的评论："正女不从二夫，忠臣不事二君。"男女关系、君臣关系，都是一旦结成以后就不能背叛的。司马光对于冯道也持批判态度。但在这样的关系中，对于夫和君同样是有要求的。所以司马光也把板子打到皇帝的身上："抑此非特道之愆也，时君亦有责焉。"冯道现象，不仅冯道自己有责任，当时的皇帝也有责任。君主无德，所以他们就只配和冯道这样的人在一起。

以上展示了从北宋初期到北宋中期，对冯道评价的变化。还可以看看冯道的自我评价。冯道在《长乐老自叙》中有一段自我总结，他总结自己的品性是"在孝于家，在忠于国"，他觉得自己是一个很真诚的人。不欺天，不欺地，不欺人，这个原则是他一以贯之的，无论贫贱还是富贵，事亲还是事君，都是如此。可见，冯道自认为对国家是忠诚的，并非欧阳修所指责的"杂臣"。冯道的自我评价看上去很矛盾，后梁、后唐、后晋、后汉、后周，5个王朝，他服侍过其中4个，每有新君主上位，他都能很好地与之相处，似乎把之前的君主忘在脑后，这样的人能够称得上忠吗？从这个角度看，欧阳修的批评非常有道理。

如何理解冯道此人？《孟子》里有一句话："民为贵，社稷次之，君为轻。"一个国家最重要的是老百姓，其次是社稷。百姓是国家的内容，社稷是国家的象征，君主是国家权力的履行者。古人有"社稷之臣"的说法，何谓"社稷之臣"？他可以不同意皇帝的意见，甚至当面反对、批评皇帝，但是他最终目的是为国家好。所谓"社稷之臣"，就不是某位君主的个人之臣，所以忠于国和忠于君是两回事。从这个角度来讲，国和君可以分离。冯道说自己"忠于国"，欧阳修批评的是他不忠于君。

由此再看冯道，他当然知道自己曾经在不同的王朝出仕。五代的5个王朝是从晚唐的两个军阀系统发展出来的。朱温创立的后梁是一个独立的系统，而后唐、后晋、后汉、后周，看上去是4个王朝，事实上都是从沙陀贵族李克用系统发展出来的，他们同属于一个军阀系统。后唐创立者李存勖是李克用的儿子，后晋创立者石敬瑭也是沙陀族，而且是后唐第二位皇帝李嗣源的女婿，取代后晋的后汉创立者刘知远，也是沙陀贵族，在后晋担任过主管军政的枢密使。而冯道恰恰是在后面 4 个王朝出仕，虽然经历了王朝更替，但没有换过系统。

结合上文孟子提出的"民贵君轻"观念，君主不一定要跟国家捆绑在一起。大臣忠于国家，不一定要时刻赞同君主个人。那些时刻忠于君主的大臣反而更有可能变成君主的鹰犬，顺着君主的想法做出对国家和百姓有害的事。一旦把君主和国家拆分理解，冯道自我评价的"在忠于国"就讲得通了。

那欧阳修和司马光的观点就完全错误了吗？也并非这么简单。欧阳修出生在公元 1007 年，司马光出生在公元 1019 年。他们成年以后，宋朝已经摆脱了王朝寿命短暂、更替频繁的魔咒，并且成功实施了文治。在这种情况下，欧阳修、司马光分别成为宋仁宗早期和晚期的重要官员。而宋仁宗已经是宋朝的第四任皇帝了，这时，政权和社会高度稳定，人们也产生了皇帝和国家捆绑的观念。国家稳定，皇帝爱民，没有犯暴虐百姓的错误。这种语境下，为了进一步维护社会秩序，将爱国具体表现定义为爱君，也是合理的。更关键的是，宋朝是文人士大夫主人翁精神特别强的时代，士大夫成为政治舞台上的主体。用宋人自己的话讲，皇帝与士大夫共天下，对于欧阳修和司马光这些士大夫代表人物来说，天下是皇帝的，也是他们的，所以他们忠于国也是忠于自己，忠于君就是信守契约，忠于合作伙伴。

从冯道到欧阳修，时代变了，政治结构变了，权力结构也变了。宋朝的稳定是冯道等人享受不到的，所以在五代乱世，他们只能采取另一种策略，把国家和君主分开，只忠于国家，忠于这块土地上的百姓，照顾他们的福祉。冯道同样滋生不出欧阳修、司马光的主人翁精神。对于冯道来说，生活在他那个时代，国的所有权被军阀皇帝垄断，士大夫没有机会分享，那只能尽力周旋了。为什么欧阳修说，在五代的时候忠臣义士都是武夫战卒，道理很简单，政权是属于军阀的，当时的军阀皇帝和这些军阀将领紧紧捆绑在一起。如果王朝倒台了，跟它结合越紧密的将领，越是只能尽忠，因为他们一旦投降，很可能在下一个王朝没有活路。

这是两个不同时代所折射出的不同时代观念。冯道和欧阳修，客观地讲都没错。问题在于欧阳修用他所生活的时代观念标准，去衡量冯道生活的时代。当然，司马光也是这样的。这种矛盾在《资治通鉴》中体现得尤为明显。《资治通鉴》记载了不少冯道正面事迹，但在结论上，司马光仍然批评了冯道的不忠。理解这个矛盾的关键，就是要明白历史是现在和过去的对话。站在欧阳修、司马光的当下，他们根据自身需求，重新解读、诠释了历史。这种全新的历史评判，并不仅仅是为了讨论历史本身，而是要告知当下和未来的人们，什么是重要的。这是历史书写的常态，这也是为什么历史不可能只是过去的真实投影。因为历史学家总是借助历史，讲着自己想讲的话。

下卷 实践篇

第六章

自我剖析

石亭之战的启示：了解自身

读史的目的在于"以史为鉴"，但想要做到这一点并不容易。"鉴"字最原始的含义是一种器具，用来装水或者装冰。后来引申出第二层含义，就是镜子。古人在没有铜镜之前，可以用盛水的盆面来照影。再进一步引申，就是现代人所说借鉴的意思了。《资治通鉴》的"鉴"字，意为以史为鉴，用的就是最后一层含义。

从以史为鉴的目的上来说，当然是为了更好地认识自己，更好地为以后进行规划。但问题是以史为鉴，不能光有目的，还得有个起点，也就是说，以史为鉴该从哪儿开始？还是得通过案例来探讨问题。

我先讲一个三国的故事。三国时期，淮南地区是夹在曹魏和东吴之间的一块战略要地，号称"中州咽喉，江南屏障"。

当时，北方的曹魏占据着淮南的大部分地区，进可攻退可守，对东吴形成了压制态势。因此，东吴想要安全的立国环境，淮南就成了必争之地。古人所谓"守江必先守淮"，淮河守不住，长江天险的优势如同虚设。为了改变被动局面，公元228年，孙权给鄱阳太守周鲂下令，让他联系北方的少数民族领袖，希望利用他们诱骗镇守淮南的曹魏大将曹休，以寻求夺取淮南的机会。但是周鲂认为，这批人马难以信任，与其把这个任务托付给他们，不如由他亲自负责。于是周鲂写信给曹休，谎称自己受到孙权责难，害怕被杀，打算献出城池，归降北方，请求曹休派兵接应。为了获得曹休的信任，周鲂还上演了一出受孙权责罚的苦肉计。

曹魏对于这次突如其来的投降当然也有疑虑，但毕竟牵扯到能否进一步扩大在淮南的优势，于是经过一番斟酌商讨之后，曹休率领10万人马，向皖城进发，准备接应周鲂。与此同时，为了让事情更有把握，魏明帝还特意派遣司马懿和贾逵各率人马配合曹休。

眼见曹魏有大动作，孙权也开始选调人马，当时，东吴方面挂帅的是大都督陆逊，这是三国时期有名的儒将。陆逊手下还有两位将军，一位叫朱桓，另一位叫全琮，加起来也有八九万人。随着双方不断向前线集结人马，曹魏和东吴在这里打响了一场重要的战役——石亭之战。

身为东吴名将，朱桓在战争开始前就有一番推测。他认为曹休本来就缺乏智勇，此番中计，战则必败。从地理形势来看，曹休战败以后最有可能的退军途径，是夹石和挂车两个地方，这两处道路险隘，如果预先设下伏兵，等他退军的时候前后夹击，即可生擒曹休，全歼曹军。

但是这个方案被主帅陆逊否决了，最终东吴军队没有在夹石、挂车等处安排伏兵。曹休被陆逊打败后，果然是从夹石撤退的。因为陆逊没有在此设伏，所以曹休虽然败了，却还能全身而退。这样看来，从战术角度讲，如果听从朱桓的建议，岂不是能获得更大的胜利？陆逊身为三国最著名的战略家、军事家之一，是不是在这件事上失策了？他的谋略难道还不如朱桓？

先别急着下结论，再看一段故事。当曹休和陆逊对峙的时候，消息很快传到了四川，诸葛亮知道了。诸葛亮听说曹休被打败，并探得关中虚弱，打算马上安排一次北伐。诸葛亮一生多次北上讨伐曹魏，这也是其中一次。《资治通鉴》记载，诸葛亮在出行之前给蜀汉后主刘禅上了一道表章，就是著名的《后出师表》，其中有一句名言，"汉、贼不两立，王业不偏安"。要兴复汉室，光在四川是不行的，必须重新统一全国。但是我弱敌强，蜀汉政权内部，也有人反对诸葛亮频繁北伐，劳民伤财。诸葛亮却自有道理，他说："然不伐贼，王业亦亡。惟坐而

待亡，孰与伐之？"这也是《后出师表》中的名言，简明扼要
地概括了诸葛亮的整体战略。意思是说，坐等就能够等到汉室
复兴吗？等到曹魏把北方逐渐平定，把东吴灭掉，还不是坐等
他们来灭我们吗？与其坐以待毙，不如积极行动起来，说不定
尚有一线希望。总结一下，诸葛亮的战略就是要折腾，而且要
大折腾，这样才能创造机会。后来有史学家考证，认为《后出
师表》是伪作，并不是真实的诸葛亮作品。我倒觉得，即便是
伪作，它对诸葛亮的战略思维把握得很准确，这番话的确能概
括诸葛亮的核心思想。

　　诸葛亮这次北伐，从太和二年（公元 228 年）一直延续到
太和四年（公元 230 年）。到太和四年，代表曹魏镇守关中的
曹真被惹怒了。曹真说："汉人数入寇，请由斜谷伐之。"蜀汉
多少年来反反复复地侵扰曹魏边境，一直被动防御也不是办法，
不如主动出击，抑制诸葛亮北上。但曹真的策略受到曹魏中央
一干重臣的反对，例如陈群、华歆、杨阜，后面还有王肃，都
反对曹真主动出击。

　　陈群认为，论领兵打仗，曹真岂能和太祖（曹操）相比？
当年曹操到汉中打张鲁，事先准备了非常多的粮草，可结果
呢？"鲁未下而食犹乏"，仗打到一半粮食就不够用了。汉中
地势险要，在那里作战，需要筹划的事项非常多：进退考量、
粮草护送、守卫要冲、分配兵力，有一点做不到位，战争形势

就可能出现巨大扭转。曹真在没有任何准备的情况下轻易向蜀汉发起挑战，怎会有胜算？

但是曹真不听，还是强硬地调集军队，向斜谷进发，结果事情的走向非常有意思。诸葛亮打探到消息后，马上派遣两万人马镇守汉中。而曹真方面，"会天大雨三十余日，栈道断绝"，所有的大道都没办法通行。"发已逾月而行裁半谷，治道功夫，战士悉作"，发兵一个多月，居然才走到一半，而且所有的开路工作，都是由底层将士们顶着大雨完成的。

这个时候又有人劝魏明帝，比如王朗的儿子王肃，他说："我们的将士行走在深山幽谷之中，饿得面黄肌瘦，每天干着辛劳的开路工作。而蜀汉呢，他们的人坐在汉中的城池里，就等着我们过去呢，都等了一个多月了。以辛劳疲惫的军队，去对战整装待发的敌人，这难道不是兵家大忌吗？历史上那些会打仗的人都有一个共同特点，就是顺应天意。比如太祖和文帝，二人都曾讨伐过孙权，但是到了长江边上都回来了，这才是聪明人的做法，因为他们能知难而退，保全实力，我们还是赶快把曹真劝回来吧。"最终，到了太和四年九月，魏明帝接纳了重臣的意见，下令曹真立刻撤兵，停止伐蜀。

总结分析这个案例中魏、蜀、吴三方不同的战略安排，会发现什么？陆逊的战略是要打，但不能打得太大，小打怡情；诸葛亮则要大打；曹魏重臣的一致意见是千万别打。三方战略完全不一样，有积极，有消极，有折中。问题来了，如果讲以史为鉴，看到这段历史，究竟应该以谁为鉴？是学习蜀汉的积极，还是学习曹魏的消极，还是学习东吴的折中？

先来分析一下三方策略为何不同。诸葛亮之所以采取积极作战的策略，恰恰是因为蜀汉在3个政权当中最弱小。正因为弱小，所以必须积极为自己创造机会；弱小而又消极，那只有死路一条。

陆逊为什么要小打不要大打？为什么不在夹石设伏？真是他的战略眼光不如朱桓吗？当然不是。陆逊是统帅，必须综观全局。如果在夹石设伏，曹军必遭全歼，曹休或死或被生擒。那接下来会发生什么？首先，曹休是曹操的亲堂弟，在曹魏政权中有身份、有地位。其次，曹休统领的是曹魏政权震慑东南的重兵。如果这支军队被全歼，而曹休又被生擒，那曹魏不全面报复的话，不仅仅是面子上的问题，也切实关乎其国防安危。所以接下来必然是曹魏大军倾巢南下，全面对付东吴，本来争夺淮南的局部战争就会演变成魏、吴相互吞灭的全面战争，东吴扛得住吗？因此在陆逊看来，最好的策略是，跟曹魏之间要有斗争、有拉锯，争取前线的有利地形，但对于胜利要适可而止，以防爆发东吴没有能力应付的全面战争。如此看来，陆逊这个人确实厉害，战略上收放自如，分寸拿捏恰到好处，所以他能做统帅。朱桓只看到眼前利益，没看到这眼前之利有可能迅速转化为不利，所以他只能做将。陆逊的决策和东吴的实力也是相对应的。东吴有一定的实力，所以能打；但尚不具备掌控全局的实力，所以又不能放开来打，必须见好就收。

最后分析曹魏重臣们为什么力主不要打？恰恰是因为曹魏的实力最强。通俗地讲，曹魏底子最好，耗都能把另外两方耗死，这是既能拖垮敌人，对自己又最安全的方法。要是出兵征战的话，战场上拼的是临机对决，靠的是智商和勇气，反而和政权整体实力强弱的关联较小。实力强的一方，并没有必胜的把握。一旦被弱小的一方打败，会产生一系列后遗症，反而不合算。所以曹魏这一方最保守。保守并不是虚弱，恰恰是因为有实力、有底气，可以探求己方损失最小的方案。像蜀汉那样，就根本没有保守的资格了。通过这样的分析，我们总结比较一下，三方态度和三方实力呈现什么关系？很明显，呈反比例关系。实力越强，安静是最优方案；实力越弱，越是要折腾。

回到之前的问题，以史为鉴要做的第一步是什么？上文三方争雄的案例给出一个提示，很多时候我们并不能简单地看方案本身，而是要分析这个方案是在什么状态下给出的。以史为鉴，不能盲目地照搬某一方的态度、策略，而是应该先弄清楚自己是谁，剖析自身所处的状态跟三方中的哪一方更接近，然后再选择相应的史实来借鉴。我把以史为鉴的问题暂时简化为：上述三方你应该更关注谁，选择向谁学习？简化之后，答案就变得很清晰了。

哲学上有所谓 3 个终极问题：我是谁？我从哪里来？我要到哪里去？现在我也问你 3 个问题：你是谁？你从哪里来？你要到哪里去？以史为鉴，最终的目的是要让自己的行动更合理，帮助自己做出更好的人生规划。也就是说，就目的而言，以史为鉴是要解决 3 个问题中的"到哪里去"，以及怎么去的问题。但是你光有一个要到哪里去的意识，而不知道自己是谁，这能行吗？因此，所有问题的源头都在"我（你）是谁"这一点上。你是谁，决定了你应该采用什么样的方案，什么样的工具，这是紧密相连的。

这样一分析，结论就出来了。以史为鉴的第一步，一定是先解剖自己。同一个方案，在不同人身上有不同效果。同一个人在不同情况下，可能需要不同的方案。这么厚的一部《资治通鉴》，说要以史为鉴，离不开你对自己的了解，知道自己需要什么。离开最基本的自我剖析、自我了解，读再多历史也没有用，因为根本不知道什么才是最适合你的。

光武中兴：坚定目标

推翻了西汉之后的王莽政权，刘秀创建了东汉王朝。虽然刘秀的祖上可以追溯到汉景帝之子、汉武帝同父异母的兄弟长沙王刘发，但从刘发到刘秀已经经历了六代人。再加上刘秀在刘发的子孙中并非嫡系，刘秀是刘发的小儿子的小儿子的曾孙。古人的嫡庶观念非常严格，爵位等重要遗产由嫡长子继承，非嫡系子弟则会逐步衰落。在兄弟中，刘秀又是老三，排行靠后。所以总的来说，刘秀虽然名义上是西汉宗室，事实上生活处境和普通百姓没太大差别，经济条件上相当于一个自给自足的中产阶层。

王莽时代，刘秀作为一个有上进心的年轻人，曾到长安的太学学习，那是当时的学术文化中心。在太学里学习会产生住宿、餐饮等一系列费用。为了支付这些费用，刘秀和同宿舍的一位韩姓同学凑钱买了一头驴，让仆从牵着驴到长安大街上等生意，帮人运送，借此赚取生活费。用现在的话讲，是投资了物流业。

穷归穷，理想还是要有的。有一次刘秀和同学们上街，正好碰到王莽的仪仗队。皇帝的仪仗队当然威风，他们穿的衣服非常华丽，手中拿着两头镀金的棍子，这种棍子被称为"金吾"，所以这些人就被称为"执金吾"。刘秀看到这阵势后，留下了一句千古名言："仕宦当作执金吾。"做官就要做这么威风的仪仗队员。人生无非是事业和家庭，所以说完"仕宦当作执金吾"这句，他又想起了梦中情人，家乡第一美女阴丽华，于是紧接着说了下半句："娶妻当娶阴丽华。"这就是刘秀在穷学生时代立下的志向。

综合这些内容，可以下一个结论，刘秀在成名之前，的确是一个默默无闻的小人物。与众不同的是，他是一个有理想的小人物。年轻人一定要有点理想，说不定就能像刘秀那样，超出预期，梦想成真。

刘秀有个大哥，名叫刘縯，他的性格慷慨刚毅，喜欢结交天下豪杰，和刘秀很不一样。王莽篡位后，刘縯虽然只是宗室中的旁支，但壮怀激烈，义愤填膺，格外注意积蓄力量。等到王莽末年，农民起义军四起的时候，刘縯抓住机会，也召集人马准备起义。

可以说，刘縯是刘秀革命人生的引路人。一开始，刘縯看不上这个弟弟，觉得刘秀整天只知道种地，不足以和他谈论天下大事。可是等到起义真正发动之后，家乡的刘氏子弟都不敢参加，害怕起义失败而惨遭处死，纷纷逃走。这时候，一向被小看的刘秀居然马上响应大哥，穿上一身绛红色的衣服出现在众人面前。这种衣服是当时的将军服，刘秀穿上这身衣服，就表明自己跟着哥哥起义了。很多乡亲原本心里害怕，可看到刘秀这么本分、老实的人都参加起义了，看来事有可为，于是都慢慢加入起义队伍了。

参加起义后，刘秀的表现可圈可点。起初，刘縯可以发动的乡亲人数有限，不过几千人，力量薄弱。而王莽末年频繁的自然灾害导致全国性农业歉收，饿殍遍野，农民起义十分普遍。为了壮大自己的力量，刘縯派人游说附近的农民起义军。最终，刘縯和另外两支起义军成功联合，一起攻打王莽的官方军队。由于官军毫无准备，刘縯所率领的义军节节胜利，接连攻下多个据点。

打了胜仗就要用战利品来安抚战士，这对农民起义军来说尤其重要。他们当中绝大多数人没有政治纲领，更没有远大理想，只是因为吃不饱而参军。就在瓜分战利品的时候，刘縯部队和另外两支农民起义军产生了分歧，那两支农民起义军的领袖认为，在打败官军的过程中他们发挥了关键作用，可绝大多数战利品却被刘縯的部下拿走了，这样分配不公平。战利品对于农民军来说太重要了，被激怒的农民军打算反戈一击，试图攻打刘縯的部队来夺取更多战利品。

在这危急时刻，年轻的刘秀作出了一个让人刮目相看的决定。他当机立断，要求自己部队里的人，尤其是刘姓族人，把所有的战利品都拿出来，一分不留，全部送给另外两支农民起义军。这样一来，也就不存在什么分配问题了，因为全部所得都归农民军所有。得到财物的农民们很高兴，内部风波得以平息。通过这件事，刘秀表现出此前不为人知的一面，而这也是作为一名领袖必备的素质：成大事者，不图小利。

刘秀兄弟以刘氏宗亲的身份发动起义，目标是推翻王莽政权，恢复刘姓天下，而那些因生活艰难而参加起义的农民，他们的目标就是吃饱穿暖，尽量多地获取财富。刘縯、刘秀兄弟作为有远大目标的人，何必跟这些只图眼前温饱的人争抢消耗呢？刘氏兄弟就是因为自己的队伍不够强大，才和这两支农民军合作，如果因为小小的财富问题而忘记了终极目标，与农民军发生内讧，打赢了，只不过得到一些财富，但肯定会损失盟友；打败了，结局更糟糕。

读史至此，不妨掩卷而思。在日常生活中，我们是不是经常为了一些不值得计较的人和事消耗太多，甚至影响到真正重要的目标？一个有理想的人，一定要时刻清楚自己的终极目标是什么，要牢牢盯住这个目标。一个想成大事的人，不要斤斤计较于眼前的得失，因为你计较不起。如果每一次得失，都要充分计较，不仅会消耗大量的精力，妨碍你走向更高更远处，更会让你失去很多可贵的机会，甚至为此付出惨重的代价。成大事者不图小利，这是创业者必须具备的素质，我们可以把它概括为要有明确的目标意识。这一点说起来很容易，真要做到很难，现实情境中随时会出现一些意外转移我们的目光。

除了明确的目标意识外，成功还需要具备另一个要素：坚定不移地走向目标的毅力和行动力。刘秀是一个目标意识明确的人，他知道自己想要什么。但光有目标意识还不行，是否能坚持也是重要环节。尤其是在走向目标的道路上，面临巨大挑战时，或遭遇沉重挫折之后，是继续坚持，还是选择退缩、放弃。这个世界上有目标意识的人很多，但真正成功的却是少数，就是因为能够坚持的人比较少。以著名的昆阳之战为例，可以说明刘秀在这方面的素质。

昆阳之战是中国历史上以少胜多的经典案例，发生在公元23年，也就是刘秀参加起义的第二年。当时义军势力范围已经扩大到一定程度，主要活跃在湖北北部以及河南地区，接连攻下包括河南昆阳在内的多个区域性城市，甚至扩张到了今天的河北南部地区。王莽眼见义军越来越壮大，十分紧张，于是赶忙调配一大批正规军前去剿灭。王莽实际调动的军队人数达到

43万，对外宣称百万。

官军前锋部队10万人，率先抵达了刘秀所在的昆阳城。当时很多义军将领看到官军人数众多，马上将原本驻扎在城外的部队全部转移至城内，心中充满恐惧，他们的第一念头是保住老婆孩子，以及好不容易抢到手的财产。于是有人提出，官军十分强大，不如大家一散了之，各走各的。这时刘秀站出来说："义军虽然人数少，假如齐心协力，说不定还能杀出一条生路；如果各走各的，官军难道就会放过我们吗？一定会被官军各个击破，到时别说妻子财富，恐怕连性命都不保。"义军其他领袖听完非常生气，觉得刘秀自己不逃就算了，居然还想把大家都绑在这里。

过了一会，探马来报，说官军越围越紧，此时就算想逃，恐怕也不容易。这种情况下，义军领袖们又把刘秀请回来重新商量，看看能否找到一条生路。刘秀分析，城里的义军不到1万人，城外的官军多达10万，人数悬殊，在此情况下，首先要齐心协力，抵抗到底，不能分散；其次，光靠这点人马肯定不够。于是刘秀挺身而出，决定带着最亲信的13位兄弟，冲出重围去求援，希望里应外合，击溃官军。

刘秀的确非常勇敢，他率领的小队成功突破官军的重重包围，到附近的义军据点告急，希望得到援助。结果其他义军领袖的反应和起初昆阳城里的将领一样，觉得官军太强大了，如果前去救援，说不定得牺牲在那儿，思前想后，觉得还是家人、财产重要，不愿意去救援。面对这种情况，刘秀说："如果我们齐心协力打败王莽的军队，可以获得千万倍的财物；如果任由昆阳城被攻破，官军士气大振，接下来就会挨个消灭义军据点，你们谁都跑不了，到时候别说财物，连性命都保不住。"

听了刘秀的话，义军将领们觉得也有道理，于是调集兵马跟随刘秀救援昆阳。刘秀率领几千援军作为先锋，在昆阳城外与官军对阵。人类历史上之所以会有那么多以少胜多的战役，是因为冷兵器时代的战争需要空间。有时作战空间有限，即便有 10 万大军，也没办法全部排开，无法将所有士兵充分利用起来。昆阳之战也是如此。昆阳城很小，城外的空间也有限，官军扎营不可能一字排开，而是前前后后有很多队列，这样导致能第一时间投入战斗的士兵其实是有限的。到了昆阳城外，刘秀率领义军向官军阵营发起了猛烈进攻，而城内被围困的义军也打开城门冲杀出来，两边里应外合，把官军的先锋部队一举击溃。战争结束后，正如刘秀所说，官军丢下财物辎重数不胜数，义军连搬了一个多月都没搬完，这就是著名的昆阳大捷。

通过这一战，能够看到刘秀身上两个品质。第一，不贪小利，不只看眼前；第二，在巨大的困难面前，敢于坚持。而其他义军将领的表现，很容易让我们想到《西游记》里的猪八戒，在取经道路上，总觉得熬不下去了，一天到晚嚷嚷着分行李。

这样的人在生活中，或许还有些趣味，但在事业上，一定做不了主心骨。很多人认为，《西游记》的核心人物是战斗力最强的孙悟空，事实并非如此。西游团队的主心骨当然是唐僧，虽然没什么战斗力，但只有他具备团队创业的两个核心要素：第一，西天取经这个目标是唐僧定的；第二，为了实现这个目标，无论遇到什么艰险，只有唐僧始终不渝地坚持着，连孙悟空都逃走过。唐僧的坚持才是让整个团队最终抵达目的地的核心要素。孙悟空再有本事，一旦离开唐僧，他的目标是散乱的，没有方向。可以说，刘秀就是一个唐僧型的创业者。

如果你是一个有想法的人，就可以对照刘秀，反思自己。到目前为止，你是否已经非常了解自己的目标？其次，你是否能够坚持下去？

淝水之战：认清能力边界

　　中国是一个多民族统一国家，汉族之外的很多兄弟民族也为中国历史、文化的发展作出了巨大贡献。中华民族最终形成一个大家庭，经历了漫长而复杂的过程。魏晋南北朝时期是民族融合的高潮期。在这个时期内，匈奴、鲜卑、羯、氐、羌等多个民族进入中原。一方面，他们参与政权争夺，相互间发生过大规模战争，也和汉族政权角力驰逐，对普通老百姓来说是一场灾难；另一方面，多元文化也伴随着他们的脚步进入中原，丰富了中国历史、文化，民族间也通过通婚、习俗效仿等途径，达到了融合的目的。《资治通鉴》从政治、军事、文化等多个角度，对这一时期民族融合的历史展开了叙述。其中提到了一位优秀的氐族领袖苻坚，他曾统一北方，取得了辉煌的成就，并且主动学习汉文化，积极推进民族融合；但他也因盲目发动对东晋的战争而惨遭失败，留下了深刻的历史教训。

　　早期氐族部落活跃在今天甘肃省东南部的秦安县一带。从苻坚的祖父苻洪开始，这支部落向中原进发。苻坚的伯父苻健，以长安为中心，在陕西、甘肃一带建立了前秦政权。公元357年，苻坚取得了前秦的统治权，称"天王"。内政上，苻坚启用王猛等优秀汉族士大夫，法治与仁政并行，巩固了统治，增强国力。不久之后，苻坚就开始了统一北方的步伐。先是于公元370年消灭了由鲜卑贵族慕容氏创建的前燕政权（核心统治区域分布在今天河北、山西、河南、山东、辽宁等省）；又于公元371年降伏了仇池政权（在今甘肃陇南地区）；公元373年向西南方向推进，占有今天四川、重庆部分地区；公元376年渗入河西走廊，消灭了张氏家族的前凉政权；同年略定代地，也就是今天山西北部以及内蒙古部分地区，可以说是战功赫赫。关于这段历史，《资治通鉴》从卷一百到卷一百零四有详细记载，简单说，苻坚将前秦政权的疆域扩张了十几倍，消灭了众多北方政权。

　　此时对苻坚来说，强劲的对手已经不多了，其中最重要的就是地处南方的东晋王朝。东晋王朝虽然偏安南方，但皇室司马氏是曾经统一过中国的西晋皇室的后代，所以东晋也被很多人认为是具有合法统治权的正统王朝。如果能消灭东晋，实现南北统一，那对苻坚来说意义非凡。所以，当北方的统一逐步实现后，苻坚就开始认真考虑挥军南下这件事了。

公元 382 年，就是否要发动灭晋战争，苻坚和大臣们展开了激烈讨论。看《资治通鉴》相关记载，当时绝大多数重臣名将都反对发动这场战争。总结一下大臣们的反对理由，主要有 4 条：一、东晋内部安定，不缺治国领军的能人，比如谢安、桓冲等，对前秦来说无机可乘；二、要攻打东晋的话，必须渡过淮河、长江等天险，而北方士兵不擅长水战；三、前些年，苻坚一直率领前秦军队东征西讨，虽然取得了很大的成就，但将士和老百姓其实已经非常疲惫了，如果紧接着就去对付东晋这个强敌，恐怕将士和百姓都力不从心；四、天文星象对东晋有利，而对前秦不利。这 4 条理由，除了第四条是古人的迷信思想，前三条都是根据当时的实际情况做出的判断和分析，都是很务实的意见。

苻坚却并不认同，根本没有把反对意见放在心上。他认为自己实力强大，消灭东晋的条件已经成熟。一方面，苻坚估算了一下自己的兵力，能达到 100 万人左右。苻坚认为，有这么强大的军队，只要每位将士把自己的马鞭投入长江，就能使长江阻塞，那时候东晋还有什么天险可凭借呢？话虽然有点夸张，但体现了苻坚的军事自信。另一方面，苻坚认为东晋的实力并没有朝臣们估算的那么强大。他总结道："吾强兵百万，资仗如山；吾虽未为令主，亦非暗劣。乘累捷之势，击垂亡之国，何

患不克!"前秦在之前几年的对外拓张战争中节节胜利,这给
了苻坚很强的底气,认为自己的军队是所向无敌的,所以说讨
伐东晋是"乘累捷之势,击垂亡之国"。这番话讲得很豪壮,
从中也可以看出,讨伐东晋、统一南方这件事在苻坚心目中是
势在必行、志在必得的。因此在这个问题上,苻坚和很多前秦
政权中的核心人物产生了严重分歧。

　　《资治通鉴》讲述这番讨论过程是非常有条理的,首先列
举了有哪些朝廷重臣发表了不同意见,其中既包括追随他多年
的心腹人物,也包括苻坚家族内部的重要成员,比如他弟弟,
非常有才能也非常有名望的苻融,还有太子苻宏。他们认为,
发动对东晋的全面战争是非常冒险的。在苻坚一意孤行,听不
进劝阻的情况下,他们想到了一个人,那就是非常受苻坚信任
的高僧道安。道安是中国佛教史上很重要的人物,有修行,也
有学问,深得人们的敬重。大臣们希望可以借助道安世外高人
的身份,劝阻苻坚发动这场没有把握的战争。很可惜,道安的
劝谏也无效。接下来《资治通鉴》又讲述了两个人的反对与劝
阻,一位是苻坚最宠爱的妃子张氏,还有一位是苻坚最疼爱的
小儿子苻诜。苻坚对张夫人说:"你一个妇道人家懂什么?"又
对苻诜说:"你一个小孩儿懂什么?"

　　无论是道安还是张夫人、苻诜,肯定都不如苻坚懂军事。
《资治通鉴》为什么特地安排这些并不精通军国大事的人员来

发表意见呢？我想至少有两层含义：第一，苻坚虽然是政治、军事专家，但并不见得总是正确的，专家也会犯错，不能只相信自己的能力而闭目塞听，需要重视不同意见；第二，连僧人、妇人、小孩都来劝阻苻坚，可见当时前秦内部反对意见很强烈，不主张发动战争的人数占优势，这种情况下应该充分考虑到，苻坚能力再强也不可能独自成事，必须依靠这些人群策群力，现在内部分歧如此严重，显然不是大举起事的好时机。

很可惜，这些意见都没有效果。苻坚的确是一个很有能力的人，但再有能力的人如果一意孤行，离失败也不远了。到了公元 383 年，苻坚最终还是决定，让前秦军队全面集结，历史上著名的"淝水之战"拉开了序幕。这一年农历八月，苻坚命令弟弟苻融率领 25 万大军为前锋，自己率领着 60 万步兵、27 万骑兵随后出发。当时出师的盛况，飘扬的旌旗前后连绵千里。声势之浩大，的确让东晋朝廷感到恐慌。

苻融顺利夺下控守淮河流域的重镇寿阳，于是苻坚撇下大军，独自率领着 8 千轻骑兵日夜兼程，前来与苻融会师。此时东晋方面派出了精锐的北府兵迎战，由刘牢之率领，在淮河洛涧一带击败前秦军队，扳回一局。这一仗让东晋军队士气大增，将士们不再畏惧强敌，踊跃向前。此时苻坚才意识到，东晋的军事力量并没有想象的那么弱。一次，他和苻融登上城楼观察形势，远远望见对面八公山上的草木，误以为那也是整装待发的晋军，所以就有了"草木皆兵"的成语。

接下来，双方隔着淝水对阵。东晋方面要求前秦军队后撤，以便晋军渡河，然后展开决战。苻坚本来打算假装后撤，引诱晋军渡河，然后在晋军登岸之前发动突袭，消灭他们。为了诱敌深入，苻坚下令前秦军队稍作后撤。没想到这一撤可不得了，东晋方面早就预料到这一幕，事先在秦军后方安排了内应。当苻坚下令军队后撤的时候，忽然有人大喊："秦军败了，秦军败了！"一方面，很多秦军将士参加这次出征本就心不甘情不愿，斗志不强；另一方面，由于在后面的秦军将士根本不清楚前面发生的事情，看到前面的军队的确在后撤，又有人高喊"秦军败了"，所以产生了群体性恐慌，纷纷丢盔弃甲、夺路而逃。

苻融眼见形势不对，试图亲自赶到乱军队伍中稳住阵脚，没想到他骑的马被乱军撞倒，自己也摔了下来。正当秦军发生大乱之时，晋军已经渡过了淝水，向秦军发起了进攻，摔倒在地的苻融被晋军所杀。所谓兵败如山倒，战场形势瞬息万变，突如其来的大崩盘，让久经沙场的苻坚也深感无力回天，根本没有办法让这支汹涌的逃命队伍镇静下来。试想一下，几十万人争先恐后地逃命，那场面是何等恐怖，必然发生大规模踩踏事件。所以秦军绝大多数的伤亡，并非来自晋军的杀戮，而是来自己方阵营的踩踏。败亡的秦军将士内心极度恐惧，生怕晋军追赶上来，由于这种心理作用，当他们听到风啸的声音、野鹤啼鸣的声音，都疑心是晋军追赶上来的信号，所以又有了"风声鹤唳"这个成语。

苻坚这次输得很彻底。前线一败，后方局势也迅速转入动荡。之前，苻坚在短短二十几年间统一了北方，成绩虽然很辉煌，但民族形势依然复杂。军事征服并不能确保这么多民族在短时间内得到融合，各自为政的潜在意识依然很强。苻坚的失败给了他们机会。原先被苻坚征服的北方民族纷纷起来反抗，试图摆脱前秦的统治。短短两年之后，苻坚就在鲜卑、羌人等多股势力的夹击下身死国亡。

纵观苻坚的一生，不禁令人唏嘘。他曾经取得辉煌的成就，但最终的失败也是惨烈的。这究竟是为什么呢？今人又能从中吸取什么样的历史教训呢？首先，来回顾一下当时前秦贵族内部讨论是否要讨伐东晋的场景。那么多人反对苻坚发动这场战争，苻坚为什么还要一意孤行？这里就有一个人们在日常生活中经常碰到的情景，那就是越成功的人往往越自信。他会认为，之前那么多困难我都克服了，这一次能难倒我吗？面对那些反对他的人，他又会认为，你们的能力、经验都不如我，凭什么反对我？事实上，世事变化无常，以前的成功并不能保证今后也一定能成功，盲目自信是非常有害的。俗话说"智者千虑必有一失，愚者千虑必有一得"，任何意见都要认真倾听。

其次，来分析一下苻坚为什么非得发动伐晋战争。我想，苻坚当时最迫切的心愿，是急于取得更大的成功。只要能消灭东晋，他就能完成统一大业，成就真正不朽的事业。急于求成的心态影响了苻坚的决策，使得他作出误判，既低估了东晋的实力，也忽略了后方形势的严峻性，最终酿成惨败。这个故事留给我们的教训是，成功是水到渠成的事，在条件不成熟的情况下刻意谋求成功，不仅达不到预期目的，反而会损害原有基础。另外，过分期待成功的心态，容易引诱人犯错。苻坚已经是一位非常了不起的人物，尚且犯下如此大错，造成不可弥补的损失，可见保持清醒的头脑是一件多么不容易的事。

苻坚失败后，北方地区再次陷入混乱。在这个过程中涌现出一批新的历史人物，其中有一位鲜卑族的英雄名叫慕容垂。五胡入华时期，慕容氏的祖先从今天的辽宁逐步进入华北平原，并最终占据河南、河北等地区，建立了前燕政权。慕容垂是前燕政权第一任皇帝慕容儁的弟弟。但在慕容儁去世后，前燕内部发生了严重分裂，有卓著战功和领导才能的慕容垂遭到其他掌权贵族的猜忌、打压。无奈之下，慕容垂逃离了前燕，跑到长安投奔苻坚了。

那时候的苻坚，正处在蒸蒸日上的阶段，不仅还没有发生淝水之战，连北方都还没有统一起来，正急需人才。所以听到慕容垂来投的消息，苻坚非常高兴，亲自到郊外迎接，给予慕容垂很高的礼遇。后来苻坚在慕容垂的帮助下，消灭了腐朽无能的前燕政权，完成了统一北方的重要一步。

符坚发动灭晋战争后，慕容垂也是先锋部队之一，率领骑兵南下。淝水一战，前秦军队大溃败，但《资治通鉴》却介绍说："是时，诸军皆溃，惟慕容垂所将三万人独全，坚以千余骑赴之。"也就是说，一片混乱之中，唯有慕容垂所部3万人马行伍整齐，岿然不动，这足以证明慕容垂的军事才能和应对危机的能力。幸亏有这3万人马立住了阵脚，符坚才不至于走投无路。最终在慕容垂的保护下，符坚总算得以回到长安。

但在送走符坚之后，慕容垂有了自己的想法。虽然慕容垂之前在前燕政权里受到打击，后来借助符坚的力量攻入前燕，消灭了自己的政敌，前燕政权也因此灭亡。但前燕政权毕竟是慕容氏的祖业，慕容垂觉得能在淝水之战后保全符坚性命，就已经回报了他当年对自己的知遇之恩。所以，接下来慕容垂决定要做自己的事情，那就是恢复祖业，重建大燕政权。

趁着符坚回关中收拾残局，慕容垂开始在关东地区布局。可以把慕容垂兴复大燕政权的活动看成一次创业，创业总需要目标、蓝图，如何制定目标、画出蓝图，不同的创业者会有不同的原则与方案。很多创业者一开始都热衷于表达：我想怎样，我要得到什么，我要达到什么目标。而看创业者故事的读者，往往也只会关注他们的创业蓝图包括哪些内容、最终达到了什么效果。慕容垂有一个与众不同之处，他在一开始创业的时候，不是强调"我要什么",而是宣布"我不要什么"。这一点非常值得我们注意和学习。

在淝水之战后不久,慕容垂就预料到了北方可能重新陷入大乱。在和慕容氏族人商讨复兴大计的时候,很多人都提出要杀了苻坚,然后全面夺取原本属于前秦的疆域。与众人相反,慕容垂一开始就明确提出:他的目标是要重新安定河北、河南等慕容氏早年就有影响力的地区,关西地区,尤其是陕西、甘肃这一带,他不会染指,更不会去争夺。

在平定河南、河北的过程中,慕容垂要处理的重大问题之一,就是解决代表苻坚镇守关东的苻丕,他是苻坚儿子中非常重要也非常能干的一位。而苻丕镇守的邺城(今河南安阳以北至河北临漳一带),曾经是前燕政权的首都。慕容垂要复兴大燕政权,势必先夺回旧都,这样他和苻丕的摩擦就在所难免。

邺城是志在必得的,但慕容垂一开始也表明了态度,他不愿与苻丕兵戎相见,希望苻丕能够率领自己的人马平安回到长安,把邺城还给慕容氏,让他修复祖业。之后,慕容氏也不愿与前秦政权为敌,只希望作为邻国,和平相处。慕容垂所说,并非虚情假意。但为前秦政权守土有责的苻丕当然不可能就这样放弃邺城,所以双方的战争还是爆发了。一来因为慕容垂处世、用兵都更为老到,二来在河南、河北的确还有很多支持慕容氏的力量,所以苻丕最终被打败了。

　　几次大战都被挫败的苻丕只能困守在城内，粮草、兵源都成了大问题。只要慕容垂攻克邺城，擒拿苻丕也是很容易的事。然而就在这关键时刻，慕容垂出人意料地下令撤去了对邺城的包围圈，要放苻丕一条生路。他说："开丕西归之路，以谢秦王畴昔之恩。"最终苻丕成功地离开了邺城。在很多人看来，慕容垂岂不是疯了吗？战争是何等残酷，形势一片大好的时候不趁机拿下，却放虎归山，难道不怕留下后患吗？

　　慕容垂始终坚持不与前秦为敌、放弃争夺关西，难道真如他所说，是感激当年苻坚收容、知遇之恩吗？当然并非这么简单。这其实代表了慕容垂实事求是的做事态度，是一种高超的智慧。为什么这么说呢？奋进、创业的过程，是一个不断扩张的过程，无论是出于志向，还是出于贪欲，一般人都会觉得争取得越多就越有利，却忘记每个人的能力和承受力都是有限的。人不可能得到所有想要的东西，也不可能做成所有想做的事，这是常识。但首先是因为很多人一开始并不知道自己的能力边界在哪里，不知道该在什么时候停下来；其次是因为雄心勃勃的状态，很难让人看清楚边界，及时冷静地停下来。苻坚就是很好的例证，错误地发动对晋战争，其本质就是所作的决策超出了自身能力的边界。慕容垂目睹了苻坚从成功的巅峰跌入人生谷底的过程，很快认清了这个道理，吸取了苻坚的教训。所以在一开始，他就给自己划定了一个边界，尽管看上去很保守，事实上是给自己的事业减少了很多不确定性，在局部地区取得成功总比一口气吞并北方容易得多。

事实证明慕容垂是明智的。苻坚回到长安后，关西地区爆发了复杂的多方战争，氐族、羌族以及鲜卑的其他支系在这个地区互相攻伐，一片混乱，博弈的过程和结局都很难预测。如果慕容垂把自己的事业版图扩大到关西，就会被卷入混战之中，那么能不能保住在关东的胜利果实，就很难说了。放弃关西的慕容垂，能够一心经营河南、河北，最终成功地重建了大燕政权，历史上称为"后燕"。

有人认为，绝大多数人并不知道自己的能力边界在哪里，如果因为害怕失败而设置行动界限，那还不如什么都不做呢，这样虽然不会成功，但也肯定不会失败。这话当然很有道理，任何人不经历实践，不会知道自身能力极限在哪里，所以能力的边界往往是在实践中摸索出来的。而且这个边界也不是绝对的，在实践过程中，能力会得到增长，边界会随着事业拓展逐步往前推进。还是以苻坚为例，他肯定不知道进攻东晋会遭遇这么惨重的失败，要知道就不打了。这当然反映了他并不清楚自身能力边界所在，但问题是，他刚接手前秦政权的时候更不知道这个界限在哪里，不也一点点把北方统一了吗？如果苻坚一开始就像慕容垂那样故步自封，这也不要，那也不做，北方还能统一吗？究竟应该如何看待这个问题呢？

我们需要在实践中摸索，不盲目进取并不意味着盲目放弃。关于苻坚的事例，我们还需要看到另外一点，就是在实践的过程中始终要保持谦虚谨慎的态度。苻坚经营北方整整花了20多年时间，他收服、击败的北方民族政权中，很多都是实力比较微弱的，其中最有实力的前燕也比东晋差了一大截。但苻坚始终小心谨慎地处理北方问题，重视每一个对手，因此能获得成功。等到北方被重新统一以后，苻坚的心态开始膨胀，居然希望仅仅通过一场战争就把最强劲的对手消灭掉，而且还是在众多对他最忠诚的战友们极力反对的情况下发动了战争。丢弃了早年谦虚谨慎、实事求是的探索态度，这是他失败的核心原因。

慕容垂从一开始就划定界限，不争关西，也是一种谦虚谨慎的态度。毕竟刚开始创业的时候，他的实力比较弱，制定不切实际的目标是有害无益的。所以，分析慕容垂的创业故事，并不是简单地强调保守，而是要看到他实事求是、谦虚谨慎的做事态度。每个人的能力都有极限，我们既要努力地摸索，又要保持敬畏。

李密败亡：优势之困

在中国的历史上，隋朝是一个短命王朝，它仅仅延续了37年就被李渊建立的唐朝取代。但在隋朝末年天下大乱之际，李渊最初并没有在众多势力中展现出绝对优势，在逐鹿中原的领袖人物中，论实力与声望，李密相对而言是更炙手可热的人物。李密擅长谋划，率领瓦岗军占据中原形胜要势，拥有丰厚的资源储备，这些因素促使他成为当时最有实力的反隋力量。然而最终成功的是李渊而不是李密，这是为什么？这一章我来分析其中的关窍。

隋炀帝讨伐高句丽的时候，有一个叫杨玄感的人在后方发动了起义，这是隋朝开始崩盘的标志性事件。李密不仅是杨玄感的好友，还是他的核心智囊。当时李密给杨玄感出了上、中、下三策。上策，占据蓟州（今天北京一带）。因为隋炀帝率军讨伐高句丽，蓟州是大军往返的必经之地，也是重要的军需中转站，只要占据这里，就能切断隋朝大军的退路。前有高句丽，后有起义军，粮草物资无法得到补给，隋军马上就会崩溃。中策，占据关中。这是隋朝首都所在地，控制了关中，就等于控制了帝国的大脑。隋炀帝征讨高句丽，带走了主力部队，关中地区虚弱，此时乘虚而入，成功的几率很大。下策，占据洛阳。洛阳非常富庶，是隋朝的东都，战略意义重大，而杨玄感的军队离洛阳也最近。但这一策略的缺点也是非常明显的，因为洛阳也是城防最为坚固、隋朝屯守兵力最为雄厚的地方。而且洛阳位居天下之中，四通八达，勤王兵马很容易集结过来。

杨玄感听完李密的建言，认为打洛阳才是上策，只要拿下这里，就能号令天下，扳倒隋炀帝的任务更容易达成。结果如李密所料，洛阳城非常坚固，难以攻破，杨玄感率军接二连三地攻打，非但没有取得成效，反而让己方士气低落。与此同时，其他方向的隋军开始向洛阳集结，隋炀帝得到消息后，也率军回撤。重压之下，杨玄感只得向西辗转，随后一败再败。

起义失败，杨玄感也死了。李密侥幸逃过一劫，过了几年隐姓埋名的生活。这几年里，在隋炀帝的高压统治之下，社会秩序逐步走向崩溃，民众起义在全国遍地开花，当时在瓦岗（今河南滑县）也出现了一支起义军。大业十二年（公元616年），隋炀帝乘坐龙舟去了江都（今江苏扬州），李密则投奔了瓦岗军。瓦岗军原本是一群乌合之众，李密到来之后，向其领袖翟让提出了一些战略性建议，把这支队伍上升为具有战略目标，更有组织性和战斗力的队伍，成为逐鹿中原最强劲的力量之一。

因为时势变化，李密的战略和辅佐杨玄感时已经完全不同，最显著的区别是，此时李密认为占据洛阳是瓦岗军的优先选项。因为征伐高丽的战争已告一段落，隋炀帝也去了南方，再北上蓟州就没有意义了；另一方面，军民起义遍地开花，想要西取关中也没那么容易，牵制、阻碍的因素很多。所以李密当初给杨玄感提的上策与中策此时都已不合时宜。与此同时，隋炀帝不顾中原安危前往江南，引起了统治阶层的内部分裂，隋朝方面士气低迷，攻取洛阳的难度相应降低；再者，洛阳周围有很多重要粮仓，如果得手，用这些粮食赈济百姓，一定能招募到更多民众加入起义队伍，扩大瓦岗军实力。基于以上理由，李密给瓦岗军制定了攻占洛阳、立足中原的战略目标。

经过几次战役，李密发现，想一举攻克洛阳的愿望很难实现，但他们取得了不小的战绩，最重要的成果是拿下了洛阳周边的几个重要粮仓，比如洛口仓、回洛仓、黎阳仓。在获得丰富的粮食储备后，李密做了一件事，"开仓恣民所取"，即打开粮仓，让老百姓随意从中取用粮食。隋朝末年，官方囤积了大量粮食，与此同时百姓却遭受着饥寒折磨，这是当时最尖锐的社会矛盾。李密打开粮仓，"老弱褴负，道路相属"，这一决策为瓦岗军带来了名声口碑，无论远近，大量平民投身起义队伍，瓦岗军的实力得到迅速加强。在这个过程中，李密也逐步取代翟让，获得了瓦岗军的领导权。前来投奔李密的不仅有底层的难民、贫民，还有精英人才，比如祖君彦，他是北齐名臣祖珽的儿子，非常有文采，曾为李密写过一篇讨伐隋炀帝的檄文，数落隋炀帝罪状，其中有一句名言："罄南山之竹，书罪无穷；决东海之波，流恶难尽。"这就是成语"罄竹难书"的出处。除此之外，还有很多后来成就大功业的军事人才，比如徐世勣（就是后来的李勣）、秦叔宝、程咬金等。《资治通鉴》最后用一句话描写了当时的盛况，"道路降者不绝如流，众至数十万"。李密的队伍一夜之间就壮大起来。但熟悉历史的读者朋友都知道，徐世勣、秦叔宝这些军事人才后来都转到了唐朝阵营，为李渊、李世民父子所用，并没有与李密相始终。这个转变如何发生，是本章需要讨论的重点。

洛口仓、黎阳仓等粮储重地帮助李密在中原立住了脚跟。李密获得了资源和人口，在极短的时间内，从一个小角色变成了手握数十万重兵的大军阀。这当然体现了李密的智谋和才能，然而凡事都祸福相倚，这些成功也意味着李密被推上了权力争夺的风口浪尖，引起了各方关注。此时的李密，暴露在各种博弈角逐的中心点，甚至成为多种势力联合绞杀的对象。远在江南的隋炀帝得知中原剧变，派遣能将王世充北上镇守洛阳，在攻守洛阳的拉锯战中，李密和王世充两股力量开始了长时期的相互消耗。

李密的根据地在洛水东面，王世充多次与李密隔着洛水对峙交战，斗智斗勇。比如在公元 617 年冬天的一次战役中，王世充趁着夜色布兵，渡过洛水袭击李密，李密在迎战过程中被击败，损兵折将。遭遇挫折后，李密马上调整战术，放弃与王世充正面作战，转而直扑王世充后方老巢，迫使王世充回救。在王世充仓促回援时，李密再次组织迎战，将王世充击败。这次互有胜负的战役，是李密、王世充斗法的一个缩影，体现了双方都有很强的战斗力和应变能力。也正因为如此，李密虽然占有粮储优势，却始终未能攻占洛阳城。

此时李密最大的问题是无法放弃洛口、黎阳等粮仓。丰厚的粮食储备成就了李密，他靠粮食号召百姓、补充兵源，和其他军阀做交易。粮仓也养成了李密的路径依赖，既然这是最重要的资源，李密当然不会轻易放弃。这就让李密的腾挪空间限定在河南，如此一来，李密与粮仓的关系，变成了"成也萧何，败也萧何"。给李密带来巨大成功的粮仓，也牢牢地把李密锁在了各方势力都要争夺的中心地区，好比一把"双刃剑"。

在李密奋战于中心地区的同时，李渊悄悄兴起于边缘区域。就在李密投奔瓦岗军的同一年，也就是大业十二年（公元 616

年），李渊被隋炀帝任命为太原留守，雄镇一方，获得了角逐天下的入场券。李渊有自己的算盘。在山西稳住脚跟后，李渊找到了一位盟友，那就是突厥始毕可汗。突厥派人和李渊做交易，承诺向李渊提供军事支持。当时山西、河北边境，有几支背靠突厥的反隋力量，这些反隋势力的一般思路是尽量利用突厥提供的军事援助和战略物资。李渊的思路与之相反，他交代负责此事的刘文静，不要大规模利用突厥军队，更不要让突厥过度介入中原纷争，只需要突厥提供几百名骑兵，每次在阵前装装样子就可以了。为什么呢？李渊想得很明白，突厥提供军事援助可不是无偿奉献，而是一种战略投资，获得成功后必然索要高额回报。而且，请神容易送神难，一旦允许大量突厥骑兵进入中原，他们本身就会成为潜在的祸患。李渊与突厥结盟的目的并不在于获取直接的军事力量，而是通过结盟拉拢突厥，防止其成为反对自己的力量；再者，通过邀请少量突厥骑兵加入队伍，对隋军或其他反隋力量形成威慑，只要对方知晓自己和突厥是盟友关系，不敢轻易对自己发动攻势就可以了。

李渊的确是大才，一开局就把手中的筹码运用得很巧妙，分寸拿捏恰到好处，展现出超强的控场能力。准备就绪，李渊作了一个非常重要的决定：向西进军，夺取关中。这正是李密当初策划过，却无法实施的战略。与李密相比，李渊实施这一战略有非常明显的优势。首先，李渊的根据地在山西，只要跨过黄河，就能顺利推进到关中，这是地势便利。其次，隋军主力大部分被隋炀帝带往南方，还有一部分在河南与李密缠斗，此时关中缺乏精兵强将，实力虚弱。

为周全计，李渊写信给李密，希望与李密也结成同盟，以减少敌人。李密同意结盟，但在回信中说了很多李渊意想不到的话，大意是说："如今我被各路义军共推为天下盟主，旨在彻底推翻隋朝。你最好亲自来趟河南，与我面缔盟约，共行大事。"一来李渊比李密年长许多；二来李渊的祖父李虎，当年与宇文泰等人并列称为后周"八柱国"，在关陇军功贵族集团内部，地位不仅远远高于李密家族，甚至比隋朝皇帝的杨氏家族还要高一阶。在那个极其注重门阀身世的贵族政治时代，李渊万万想不到李密会用这样轻视的语气给自己写信。

但李渊毕竟通透，读信之后便开怀大笑，把李密妄自尊大的心态尽收眼底，如何对付李密的策略也有了。李渊对手下人说，现在我们的目标是关中，如果就此被李密惹恼而做出激烈反应，等于给自己增加了一个敌人，不如用谦卑的语言哄着他，让他继续在中原苦战，帮我们牵制住东方的敌人，好让我们一心一意完成西征。等到关中平定以后，"徐观鹬蚌之势以收渔人之功，未为晚也"。于是李渊让人回了一封信，信中全是对李密的赞美奉承之词，李渊甚至说："天生烝民，必有司牧，当今为牧，非子而谁！"不仅承认李密是义军盟主，还期许他是未来的天子。李渊说自己都50多岁了，已经没有争夺皇位的心气，如能为安定天下出一份力，希望李密看在同姓的份上，以后在新王朝中给他一个位置。

李密当然不会愚蠢到李渊说什么就信什么，但看到李渊推崇自己为天下盟主的语句，还是掩饰不住内心的得意，把李渊的回信给身边的人传看。由于隋军主力被李密吸引，李渊西进过程中虽然遇到了一些困难，最终还是顺利地占据了关中。

就在这时，政局突变。追随隋炀帝到南方的宇文化及兄弟，利用禁卫军滞留南方的不满，发动了宫廷政变，逼死隋炀帝，率军北归，原本就非常混乱的隋末战场又多出一股力量。这批禁卫军被称为"骁果"，常年肩负着护卫皇帝的任务，是隋军中战斗力最强的部分。隋炀帝南下的时候，就带着这支军队到了江都，但骁果军是关陇军事集团的子弟兵，主要由关中、陇西人组成，他们的父母妻儿都在长安，到江都久了，思乡心切，多有叛逃。宇文化及等人为了煽动骁果军叛变，制造了隋炀帝意欲定都南方，无意北归的谣言。于是骁果军大规模哗变，被宇文化及等人利用。宇文化及逼死隋炀帝之后，必须兑现对骁果军的承诺，带领他们回关中，而从江都返回关中，势必经过河南。为了获得粮食补给，路经中原的骁果军，必然会对李密占据的粮仓所有行动。换言之，李密和这支隋朝最精锐部队之间难免一战。

　　10万骁果军经过滑县，军粮刚好吃尽，就向李密的瓦岗军发起了进攻。这时候洛阳城里也发生了一些变化，由于隋炀帝死于宇文化及和禁卫军之手，故而这支北上的骁果军对于洛阳城里的隋朝势力来说等同于叛军。当时隋炀帝的孙子越王杨侗被城中的大臣们拥立为帝，年号皇泰。为了对付宇文化及的叛军，皇泰帝向李密抛去了橄榄枝，意欲议和结盟。皇泰帝这方的逻辑是，无论是李密的瓦岗军，还是宇文化及的骁果军，都是叛军，同时对付两支叛军是不可能做到的。相比之下，宇文化及和骁果军背负弑君的恶名，更应该被剿灭；而李密正受到骁果军的攻击，也有与己结盟的需求。所以最好的方式就是招安李密，让他来抵挡骁果军，两支叛军在对抗的过程中相互消耗，无论谁胜谁负，都对皇泰帝有利。站在李密的角度，这个计划又是无法拒绝的。如果拒绝了皇泰帝，李密将同时面对骁果军和洛阳隋军两支劲敌。一旦出现这种情况，李密必败无疑。

　　所以李密被迫接受了皇泰帝的招安，和骁果军展开决战。任凭李密谋略出众，瓦岗军也经历了常年战争的洗礼，但跟归乡心切、装备精良的骁果军比起来，战斗力还是落在下风。双方激战时，瓦岗军在战场上始终处于劣势，甚至李密本人都险些被生擒。但战争的最终结局出人意料，李密手中丰厚的粮食储备再次起到了决定性作用。由于李密非常聪明地死守粮仓，而饥肠辘辘的骁果军缺乏粮食，导致内部崩溃，最后被敌军打散。对于瓦岗军来说，这场胜利是惨胜，军队中的许多精兵强将都拼没了。更让李密沮丧的是，这场惨胜是没有意义的。

李密原本的计划是以战胜骁果军作为投名状，获取皇泰帝的信任并进入洛阳城，真正占据这座位居天下之中的城市。可就在李密和宇文化及的骁果军激战时，王世充发动政变，独揽了洛阳城内的大权。在这种情况下，李密怎么可能再进洛阳城呢？接下来的事情可想而知，作为老对手，已经夺取了实权的王世充绝不可能给李密喘息的机会，于是稍作整顿就向李密发起挑战。此时李密率领的瓦岗军已经人困马乏，极度疲惫，无力再战。于是李密只能选择放弃洛阳，率领两万残余部队向西投奔了李渊。此后瓦岗军中的几位名将，如徐世勣、秦叔宝、程咬金等人就归入唐军阵营。李密失去的当然不仅仅是这些良将，更是问鼎中原的机会。

《老子》有云："福兮祸之所倚。"综观李密从轰轰烈烈兴起，到黯然退出历史舞台的过程，正印证了这句名言。李密拥有超强的机变能力和前瞻性战略眼光，甚至可以说，李密从未有系统性的或重大的决策错误，只是时势所迫，留给他的选择空间并不大。另外，一旦试图利用某种优势，也必然被这种优势所捆绑，粮仓之于李密，正是这种关系。

受制于形势的复杂变化和选择有限，李密无法实现的西入关中战略，被李渊捡了漏。李渊早就预料到洛阳不会随随便便被任意一股力量夺去，无论是李密还是王世充，谁想得到它，都得付出巨大的代价。最终如他所言，自己只需要等待，坐收渔翁之利即可。而当李密、王世充、宇文化及等多股势力都围绕着洛阳这块肥肉争夺不休的时候，李渊已经不动声色地把关中这块"瘦肉"放到了自己嘴里。

从李密败亡的过程中可以看到非常清晰的辩证关系，李密得到了最重要的优势与资源，却也被这些优势、资源束缚。任何一个万众瞩目的机遇或位置，同时也是众矢之的，哪里有诱人的资源，哪里就会燃起争夺资源的战火。与此相反，经过周密的策划与准备，李渊从边缘地带成功崛起。

当然，就历史论历史，李密和李渊都在历史给定的条件中行动，李密有无可奈何之处，李渊有令人羡慕不来的机会。以史为鉴，重在剥离具体的外相，提取内核本质。从这段故事中，我们应当关注，在可以主动选择的情况下，思考优势与劣势之间的转换问题，能培养更长远的眼光和格局。

第七章

认识他人

崔浩预测：厘清动机与目标

公元 420 年，东晋被刘宋政权取代，由此开启了历史上的南朝时代。刘宋的开国皇帝叫刘裕，他的前半生非常不容易，从一个弃婴一步步登上人生的巅峰。出身卑微的刘裕能脱颖而出，是因为他从军以后，曾帮助东晋王朝平定过很多次叛乱，获取了很高的军事、政治地位。之后他又消灭了占据山东半岛的南燕政权。这些功劳逐步叠加，刘裕被封为宋公，最终展现出了取代东晋的野心。

就在这个节骨眼上，盘踞在关中，以长安为首都的后秦政权送上了一次绝好的机会。后秦的第二任皇帝姚兴是非常能干的皇帝，但他犯了一个致命的错误：过度宠爱小儿子姚弼，导致了在皇位传承上和嫡长子继承制之间的严重冲突，造成了权力交替之际的动荡。当时姚兴身患重病，众人私下里都觉得他时日不多了。备受溺爱的姚弼开始把心思押在权力争夺上，谎称患病，不去看望父亲，反而积极聚集军队。令人意外的是，过了一阵子，姚兴的健康状况有所好转。得知姚弼的所作所为之后，姚兴在盛怒之下处死了姚弼身边的重要官员。

太子姚泓对父亲讲了这么一番话，他说："弟弟如此不孝，是我做哥哥的错，我没有把兄弟关系处理好。弟弟不是想要太子之位吗？不如您把我的太子身份罢免了，改立弟弟为太子，这样皆大欢喜。我就安安心心地做一个王公，不竞争皇位了。"怎么理解姚泓的这番话呢？一方面，可能是姚泓以退为进，试图让姚兴产生恻隐之心。但另一方面，也可以看出姚泓性格比较懦弱，面对激烈的竞争，拿不出更好的办法，只能以退为进。作为太子，作为皇位继承人，在这种关键时刻对权力不负责，其实就是对天下苍生不负责。皇位传承得有规矩，不是争不争的问题，这关乎国家长治久安的制度体系。姚泓是嫡长子，这是他必须坚守的责任。可想而知，这样的人要是继承了皇位，一定不是刘裕的对手。

与此同时，姚兴的身体一天不如一天，而他的几个儿子纷纷为权力着了魔，另一个叫姚愔的儿子甚至直接起兵冲入皇宫，最后兵败被杀。在生命的最后时刻，姚兴的内心应该是很悲哀的，这时候他又想起了小儿子姚弼，为了避免儿子们把国家搞得四分五裂，趁着手中还有权力，姚兴就把这个最喜欢的儿子赐死了，第二天姚兴自己也撒手人寰。太子姚泓有惊无险地登上了皇位。

在这个背景下，公元416年，刘裕看中机会，发动了讨伐后秦的战争。八月，刘裕调动兵马，分两个方向向后秦进发，其中一支军队经由中原地区，选择了一条大胆又艰难的行军路线：自东向西逆黄河而上。逆流而上还不是这支军队面对的全部问题，当时中原地区犬牙交错，势力分布非常复杂，以河南为例，就有东晋、北魏、后秦3支力量在此纠缠。比如说洛阳，这是东晋的旧都，也是东晋和北方胡人极力争夺的重要据点。当时洛阳掌握在后秦手里，而洛阳东北角有一个叫滑台的地方（今河南滑县），却被北魏占据着。刘裕的军队从今天江苏北部和山东南部地区从西往东出发，势必路过滑台，和北魏的军队发生摩擦。北魏镇守滑台的官员看刘裕声势浩大，心生胆怯，弃城逃走了。刘裕麾下将领就这样不费吹灰之力入主滑台。

北魏皇帝拓跋嗣闻讯震怒，把逃跑的官员处斩，但这并不能解决问题。此时北魏朝廷上，皇帝和他的高官、智囊们都摸不准，刘裕的战略目标到底是什么？刘裕声称讨伐后秦，现在却占据了滑台，他仅仅是借路呢，还是真要攻打北魏？于是北魏先派了一位使者去问话，刘裕为何出兵，为何占领滑台。刘裕方面如实回答：第一，我的目标的确是后秦，你们不要紧张；第二，我并非有意占领滑台，是你方守将主动放弃，我们趁机入城歇歇脚。

这次对话结束之后，刘裕的军队就收复了洛阳，给后秦造成沉重的打击。这似乎印证了刘裕的目标是后秦。但设身处地为拓跋嗣想一想，他的志忑也很容易理解，北魏必须考虑自身安全，不能刘裕说什么就信什么。万一刘裕借口打后秦只是虚晃一枪，实际想趁机向北魏发动战争，作为北魏朝廷来说必须有预案。所以在一次高层会议上，拓跋嗣提出了自己的顾虑，他说："刘裕逆黄河而上，攻打姚秦的军事要地潼关，难度很大，未必能赢。所以从军事谋划的角度讲，这不太像他的真实意图。如果刘裕军队沿着黄河走，登上黄河北岸，入侵我们的势力范围，相对来说更容易。会不会他的真实目的就是攻打我们呢？"很多大臣也赞同拓跋嗣的观点，他们建议道："不如阻断黄河上流，切断刘裕军队西行路径，把他堵在黄河里，趁机打败他，这样先发制人可能对我们更有利。"

这时候只有一位名叫崔浩的年轻官员发表了不同意见，他说："刘裕惦记姚秦这块肥肉很久了，因为他在地位上升过程中遇到过很多政敌，其中一部分斗争失败后都跑到关中投靠了姚秦，这就使得刘裕和姚秦有了恩怨。此前刘裕一直找不到机会，现在情况不一样了，姚兴刚死，姚泓懦弱，刘裕趁机兴兵，应该是志在必得。如果我们对他放任不管，他应该不会与我们为敌。如果我们阻止他西进的步伐，他反而会把愤怒转移到我们头上。"

　　紧接着崔浩出了一个主意，他说："我们放刘裕到潼关，让他和姚秦打起来。我们先观察一下情况，再作决断。如果刘裕攻下潼关，于我无损，我们可以不动声色；如果刘裕力不从心，难以攻克潼关，我们再从后截断刘裕大军，和姚秦军队配合，对他形成夹击之势。只不过我认为后一种情况发生的可能性很小。"崔浩的这番分析其实很有战略眼光，可惜拓跋嗣并没有听取他的意见，而是派遣军队阻截刘裕，生怕刘裕挥军北上攻打北魏。

　　当时北魏军队沿着黄河北岸一路跟随刘裕的水军，而刘裕的水军逆黄河而上，需要有纤夫在河岸上拉船，为了避免和北魏军队起冲突，刘裕把纤夫都安排在南岸，军队也都沿着南岸前行。但是风高浪急，偶尔还是会有船只被风吹到北岸。一旦刘裕的士兵随船被吹到对岸，魏人就毫不犹豫地把他们杀掉。刘裕在忍无可忍之后，派了一支部队登陆北岸，深入陆地，摆好阵型迎敌，北魏也派了一支3万人的骑兵，试图把敌人全部歼灭。但是一战下来，刘裕部队战斗力之强超乎想象，魏军大败，损失惨重。战役结束后，刘裕并没有下令继续追击，而是让登陆的军队返回船上，继续西进。一番冲突后，拓跋嗣深感后悔，一是觉得自己确实不是刘裕的对手，有些丢面子；二是由此看出刘裕的真实目的的确是攻打后秦，可见崔浩的判断是正确的，后悔不听崔浩的建议。

视角转到刘裕身上，摆脱北魏的纠缠以后，这支军队沿着黄河一路高歌猛进，接连攻克后秦数个据点，直逼关中。情况对于后秦来说当然是非常危急，后秦的皇帝姚泓表现怎样呢？《资治通鉴》里有简单的一笔："会百官于前殿，以内外危迫，君臣相泣。"没别的，就是哭。这个记载虽然有些夸张，但反映了后秦君臣面临的困境与抵抗无力。此时后秦还有最后一道关口，就是潼关。没想到刘裕手下的重要将领王镇恶轻松化解了这道阻碍。王镇恶祖籍关中，对这块地形非常了解，他对刘裕说："潼关在陆路上是一个易守难攻的天险，而我们的主力是水军，如果在潼关硬耗，恐怕会损失很大。不如想办法绕过潼关，进入到渭河流域。经由渭水流域可以直插长安，这样就方便多了。"刘裕采纳了王镇恶的建议，这一招果然奏效了，军队非常顺利地抵达长安城外，并攻破了长安城。走投无路的姚泓选择投降，刘裕命人将他押送回东晋都城建康，并斩首示众。刘裕借姚泓的人头再度提升了自己的权威和政治地位。

接下来刘裕面临的问题是如何经营长安，如何协调他的大本营东南地区和这个新占领的西北地区的关系。如果他能留在长安，经营西北，这样统一全国的格局就出来了。一方面，刘裕亲自驻留西北的决心并不是很大，他还是更关注东南，那是东晋王朝的权力中心所在。另一方面，就在这个时刻发生了一件重要的事。刘裕有一个亲密战友，叫刘穆之。在刘裕成长的过程中，刘穆之与他共患难，并帮他解决了很多难题。所以刘穆之既是刘裕最信任的人，也是他最重要的左膀右臂。刘裕亲率大军北伐，刘穆之留在建康主持大局。结果刘穆之去世了，消息传到前线，刘裕意识到协助他稳固权势的核心人物不在了，一旦朝廷上反对势力抬头，自己将遭遇大麻烦。这样一来，刘裕就更不能驻留西北了。

最终刘裕率军东归，只留了 12 岁的次子刘义真镇守长安，同时留下王镇恶和沈田子两位得力助手，让他们辅佐刘义真。对于刘裕最终会放弃西北的选择，当时有两个人算对了，其中一个就是崔浩。由于后秦的覆灭完全被崔浩预料中了，拓跋嗣不敢小看崔浩，于是就在得到刘裕攻克长安的消息后咨询崔浩，问他刘裕接下来会怎么做。

崔浩判断得非常准确，他说东南是刘裕的根本，西北距离东南太远，一旦有什么变故，刘裕肯定要保根本，所以不会常驻西北。刘裕一旦回东南，我们大魏就有夺取关中的机会。事实证明崔浩的整体判断非常正确，但关中地区并没有马上变成北魏的势力范围，因为有一支离长安更近的势力捷足先登了。

这就牵扯出准确预判刘裕行为的第二个人：赫连勃勃。他建立过一个叫夏的政权，属于五胡十六国之一。赫连勃勃也曾断定刘裕不会在西北逗留很久，所以当他听说刘裕东归以后，马上整顿军队，率领2万精锐骑兵向长安进发。这时候刘裕留下的人产生了内部矛盾。王镇恶是关中人，沈田子是东南人，刘裕留这两个人的本意是希望他们相互牵制，有利于自己遥控指挥，操弄权术。但面对劲敌赫连勃勃，王、沈两人意见不合，争功心切，关系恶化到内讧失控。沈田子先以商量军事为借口，把王镇恶骗到自己的营中，当场把王镇恶给杀了，这一举动让其他人惊愕，也引起了刘义真的警惕。为了自身安全，刘义真的另一个手下把沈田子也给杀了。两大将领在短时间内先后被杀，如此人心惶惶的氛围下，怎能迎敌？所以赫连勃勃非常顺利地击败了刘义真。留守长安的东晋将士也思乡心切，无心防守，一战而溃。刘裕费了大力气消灭了后秦，却没能守住，成了赫连勃勃的囊中之物，真是"为他人作嫁衣裳"。

如此一来，刘裕岂不是竹篮打水一场空？不，这绝不是毫无意义，因为灭后秦的功绩足以使得刘裕的威望和权势达到一个新的高度，在东晋内部再也没有人能够挑战他了。这就为刘裕后来篡位代晋作了很好的铺垫，关中能够守住当然更好，即便守不住，也不影响刘裕在东南地区建立自己的王朝，这才是非常重要的事情。此后没过两年，刘裕正式称帝，取代了东晋。所以讨伐后秦的真正目的，是刘裕要为自己树立一个高不可攀的形象，这也是他篡位之前必做的功课。

作为北魏政权中的年轻官员，为什么崔浩能像先知一样，连续两次成功预测刘裕的行为，以及事件演变的局势？一个重要的原因是，崔浩能够设身处地从刘裕角度想事情，思考他真正想要的是什么。刘裕最想要的其实就是皇位，篡夺东晋的皇位，是刘裕心中不可动摇的目标，其他所有事都要为这条目标让路。崔浩的每一次分析都有一种"换位思考"的意识，第一次，他分析刘裕最想要的是趁姚兴之死，了结和姚秦的恩怨，而真正目的在于肃清东晋境外的政敌，为他在东晋篡权扫清障碍；第二次，他又分析，刘裕最想要的其实是获取政治声望，拔高自己在东晋政权中的地位，这也是在为篡权铺路，至于刚刚夺下来的关中，如果妨碍他夺取东晋的皇位，反而会成为鸡肋，难免遭受遗弃。同理，崔浩非常有把握地判断，刘裕出兵的目标不可能是北魏，是因为北魏相对强大，刘裕再能打，也不可能一时半会儿取得决定性胜利。一旦和北魏陷入持久战，或者在局部战争中输掉一两次，这对刘裕的威望和篡权的进度，都是有损害的。刘裕不希望出现这种局面。

任何一种行为都是动机的外在表现，当你想清楚了一个人的动机，想清楚他心里最想要的是什么，再去判断他的行为路径，思考他接下来会做什么、怎么做，就会变得轻松、准确多了。这就是崔浩的判断法则给予我们的启示。

高平陵政变："唯才是举"的得与失

我在前面讲过司马光的道德优先论。司马光甚至主张，如果只能在有才无德的小人和无才无德的愚人之间选一个，宁可选无才无德的愚人，也不要选有才无德的小人。这个论点不仅和今天强调人才重要性的主流观点格格不入，也有很多懂历史、熟悉历史故事的朋友提出反面案例进行辩驳。最著名的反面案例，就是曹操的"唯才是举"。曹操的核心思想是，只要是人才，就能用，不论有没有品德。因此曹操阵营的人才数量的确比其他阵营更占优势。这个案例，是否用铁一般的事实证明了司马光的"才德论"太过迂腐，是错误的？身处曹操的时代，如果用司马光这套理念来做指导，岂不是只能等待失败的命运？这一章我就把曹操"唯才是举"的政策效果，深入细致地分析一下，看看是不是司马光错了。

汉献帝建安十五年（公元210年），曹操第一次发布求贤令，并明确提出了"唯才是举"的口号。曹操在求贤令中说："孟公绰为赵、魏老则优，不可以为滕、薛大夫。若必廉士而后可用，则齐桓其何以霸世！二三子其佐我明扬仄陋，唯才是举，吾得而用之。"孟公绰是春秋时期鲁国的一位大夫，品德很好，但才能一般般。这样的人适合坐而论道，所以说他"为赵、魏老则优"，赵、魏是春秋时期晋国的两个大家族，后来演变成战国时代的赵、魏两国。滕和薛，是春秋时期两个非常小的诸侯国，因为孟公绰短于才华，像滕、薛这么小的诸侯国，让他去管理具体事务，也不见得操办得好，所以说"不可以为滕、薛大夫"。这话是孔子说的，《论语》里有记载。孔子的本意是，每个人特长不一样，不同的人有不同的用处。曹操用在这里，作为"唯才是举"的依据。求贤令又说，"若必廉士而后可用，齐桓其何以霸世"，这说的是管仲。管仲贪财，生活奢靡，但是他有大才干，帮助齐桓公称霸。齐桓公要是用人只论品德，管仲肯定不能用，那也就没有齐国的霸业了。基于以上理由，有孔子的教导、齐桓公的案例，最终曹操提出了"唯才是举"的用人策略。曹操甚至多次强调，就算人品差到"盗嫂受金"，只要有才华，他都愿意加以任用。"盗嫂受金"的典故，讲的是汉朝初年的陈平，他是刘邦最重要的谋士之一，脑袋瓜很灵光，主意很多，也帮助刘邦解决了很多问题，但人品一塌糊涂。他很早成了孤儿，由兄长抚养长大，后来却对嫂嫂非礼。投奔了刘邦之后，刘邦对他极为信任，他却贪污受贿，人品差到极点。曹操以陈平为例告诉当时的人，他在用人上没有道德要求。

从历史效果来看，毋庸置疑，求贤令是有正面意义的，它是曹操成功的重要基础。但这就能说明司马光的"才德论"错了吗？曹操的这道求贤令明明白白地被记载在《资治通鉴》卷六十六。也就是说，曹操"唯才是举"的思想及其效果，司马光是非常清楚的。但曹操的成功，并没有阻止司马光继续发表他的道德优先论，这才是需要关注的地方。很多人在批评司马光的时候，往往只知其一，不知其二。现在我们能想到的，司马光其实早就想到了，关键是有没有司马光考虑到了，我们却没有掌握的？

为了更全面地看待"唯才是举"的历史效果，我先抛出一个问题：后来的曹魏、蜀汉、东吴3个政权，哪个最先失败？很多人会回答：蜀汉。没错，从形式上说，公元263年曹魏灭蜀汉，刘禅是第一个失败的。但再仔细想一想，当时掌握曹魏政权灭蜀汉的，又是谁呢？或者说，那时候的曹魏政权还掌握在曹氏家族手中吗？已经不是了。灭蜀战争真正的总指挥是司马昭，那时司马氏控制曹魏政权已经20多年了。曹氏小皇帝早就成了傀儡，从这个角度看，曹氏政权才是三国中最早失败的。为什么会出现这个现象呢？把这个结果和"唯才是举"策略结合起来分析一下，看看两者是否有联系。

我从两个角度解析这个问题。第一，看一看导致曹氏失败、司马氏登上历史舞台的"高平陵政变"。第二，观察魏晋禅代之际，也就是司马氏正式篡夺皇位的过程。最后来总结，"唯才是举"是否只有正面效果，它有没有负面效应？

首先来看"高平陵政变"。先铺垫一下历史背景。公元239年，魏明帝曹叡去世，年仅34岁。临终前把皇位移交给只有8岁的养子曹芳，并任命曹爽、司马懿为辅佐大臣。这两个人，曹爽代表曹氏宗亲，司马懿代表功臣元老，安排倒也合理。但曹爽太年轻了，专权心切，逐步把司马懿排挤出权力中心。那时候的司马懿已经是六七十岁的人了，非常有经验，也非常有耐心，忍耐了好几年，终于让他等到了机会。

公元249年，大将军曹爽陪同少帝曹芳出了洛阳城，去拜谒曹叡的陵墓高平陵，趁这个机会，司马懿发动了政变，所以叫"高平陵政变"。司马懿趁着曹芳和曹爽兄弟出城之际，把洛阳城门关闭，然后迅速地控制了宫城内的皇太后以及武器库，并取得了留在城内的很多大臣的支持，从而掌握了政局的制高点。曹爽缺乏政治斗争经验，被司马懿诓骗，轻易放下了武器，最终被司马懿囚禁、杀害。从此，司马氏实质上控制了北方的政权。司马懿之后，他的儿子司马师、司马昭又相继掌权。

　　这和曹操"唯才是举"有什么联系呢？"高平陵政变"正好发生在曹操去世后的第 30 年。司马懿可以说在极短时间内，顺利夺取了政权。观察当时的场景，很多朝廷重臣，几乎都是第一时间表达了对司马懿的支持。这也是司马懿能成功的重要原因之一。再经二十几年，朝廷上有势力有作为的人，几乎全都倒向了司马氏这一边，很少有继续忠于曹氏的实力派人物了。这是为什么？司马氏从发动政变，到彻底把持政权，何以能如此迅速？

　　不妨看看第二个历史场景，即魏晋禅代之际。有句名言："司马昭之心，路人所知也。"这句话是曹芳之后的小皇帝曹髦说的。曹髦不满于司马昭专权，要找对方"单挑"，结果在司马昭府门口，被司马昭的手下给杀了。大臣公然派人刺杀皇帝，司马昭也承受了相当大的舆论压力。所以他策划了灭蜀战争来转移矛盾，并重新树立自己的权威。蜀汉后主刘禅算是倒了霉，他为司马昭杀曹髦这事买单了。后来司马氏正式篡位，实施者其实是司马昭的儿子司马炎。当时有很多帮助司马炎篡位的人，其中有一位重要人物名叫陈骞。陈骞的父亲名字叫陈矫，陈矫曾做到曹魏的司徒，是宰相级别的高官。陈矫原本不姓陈，而是姓刘，后来过继给他的舅舅做儿子，改姓为陈。改姓以后，他又从本姓刘家娶了太太。按古人"同姓不婚"的原则，这是不合礼法的。陈矫因此被人抓住了把柄，在官场上屡遭打压。

陈矫是有才华的，他处在曹操掌权的时代，曹操爱才，为了帮助陈矫平息舆论，专门下了一条教令，说这类事情既往不咎，不许再拿出来说了。保护陈矫，其实也是曹操"唯才是举"思想的一个侧面反映。但是曹操肯定没想到，他全力爱护的人才陈矫，传到他儿子陈骞时，就积极地投奔到别人阵营当中，把他们曹家给卖了。这样的人物其实不止一个，钟繇的儿子钟会，贾逵的儿子贾充，都属于同一类型。贾充就是帮助司马昭刺杀小皇帝曹髦的重要人物。

另外有个叫石苞的人，本来赶车打铁，生活在社会底层，也是因为有才华，赶上了"唯才是举"的大好时代，逐步成为大人物。司马昭去世的时候，大家都在讨论，按照什么礼节安葬他？按照臣礼安葬，司马家肯定不甘心，按照君礼落葬吧，事实上他生前还没称帝。结果石苞跑来一哭，讲了一句话："基业如此，而以人臣终乎？"言下之意，司马昭作为真正掌握政权的人，怎么可以按照大臣的标准落葬呢？这句话其实暗示了司马昭虽然去世，但司马氏的篡位行动已经势在必行了。于是"葬礼乃定"，最后是按皇帝的礼节下葬司马昭的。

透过"高平陵政变"、魏晋禅代，那些有能力有本事的人，或是他们自己，或是他们的后代，几乎很少有给曹魏做忠臣的。这是为什么？

在才和德两个范畴中，忠诚属于品德范畴。长期以来，曹操片面强调"唯才是举",不重品德,那在这样的时刻,又凭什么要求他们忠诚呢?这就是"唯才是举"的负面效应,也是曹氏政权的悲剧。这一点,光看曹操生前是看不出来的,一旦把眼光放远,看到后面的历史,结论就不一样了。

讲得直白些,曹氏统治者片面强调才能,缺乏对忠诚和品德的关注,因此和人才之间只是利益交换关系。当可交换的利益穷尽,或者有人可以给出更多利益时,这些人才就会见风使舵,另投新主。这是"以利聚人,利尽则散"的道理。

在了解了这些情况后再来反思,要长时期维护一个社会的稳定,想要拥有良好的社会秩序,真的仅靠才华就可以做到吗?你还觉得司马光的"才德论"迂腐吗?短期看,曹操"唯才是举"很有实效,《资治通鉴》也如实记载了,司马光依然坚持道德优先论的原因是,他和曹操的问题意识不在一个层面上。司马光强调德在才先,讲的是"经","经"在古文中有恒定不变的意思。也就是说,在司马光看来,道德是一个社会最基本的问题,是从长时段的角度看始终有效的问题。《资治通鉴》是一部通史,讲述的是1300多年的历史。司马光总结的教训是通则,是放在任何一个历史阶段都有其意义的原则,而不是基于某个特殊历史时期的经验。相对于历史长河而言,曹操的"唯才是举"是临时性策略,针对的是当时天下大乱、人才匮乏的特殊情况,所以它是"权",也就是一种机变。"权"

的本意是秤杆上的秤砣，它可以随着物品的实际重量而来回移动，所以引申为机动、机变的意思，古人称根据实际情况而调整的策略为"权宜之计"。

司马光和曹操，一个谈的是"经"，一个谈的是"权"，这一点我们不能混淆，因此也就不能简单地用曹操一段时期内的成功经验来否定司马光的观念。曹操自己也说了，是在天下未定之际求才，"唯才是举"有特殊的历史契机。如果要全面地、整体地看待才德问题，我们的行为路径，首先要尊重常识，要依"经"而行。在某些具体的、特殊的情况下，的确需要通权达变，但是不能够把某一个具体情况下的权宜之计，当作一个固定不变的基本原理来接受。权宜之计再成功，也只是权宜之计，不会永远奏效。

社会运转所需的基本原则，往往埋藏得很深，人们在日常生活中未必能察觉到。但我们察觉不到，并不意味着它真的无用。很多深层原则，常常是你看不见它，却又缺不了它，以"德"为基也属于这种类型。

如果没有把历史看全，只停留在观察曹操本人活动的层面，不去思考"高平陵政变"以后的历史变化，不去思考曹氏政权为什么会这么快失败，就没有办法全面理解"唯才是举"的两面性。这也教会我们一个看历史的法则，要善于调整观察问题的时间长度。同一个问题，放在不同时间长度中观察，会有完全不同的结论。大家读历史，不能只从半截故事中总结经验教训。《庄子》里说"夏虫不可语冰"，有一种虫子，它只存活于夏天，你告诉它世界上有一种东西叫冰，它会嘲笑你胡说八道，因为它从来没见过，所以也就不相信。曹操的"唯才是举"是有效、有意义的，但如果只把眼光局限在由曹操主导的那二三十年历史，而不去关注五六十年，甚至上百年间的前后联系，更不关注上千年历史的共性，就会变得如"夏虫"一般见识短浅。这就是为什么读史要"通"，通下来以后才能前后反复琢磨，得出更为准确的历史教训，总结出更为本质的道理。

南朝之亡：提防信任危机

南朝包括宋、齐、梁、陈4个王朝，时间跨度从公元420年刘裕称帝开始，一直到公元589年，北方的隋文帝灭掉南方的陈朝重新统一中国，一共涵盖170年。在这170年中，刘裕建立的宋政权是持续时间最长、皇帝数量最多的，一共延续60年，出过9位皇帝，但9位皇帝中只有3位寿终正寝，其余6位或被弑，或被废，皆下场凄惨。齐政权的持续时间是4个王朝中最短的，只有24年，共7位皇帝，被弑、被废的有4位。之所以宋、齐两朝有这么多皇帝被废，"信任危机"是导致该情况的重要原因。我会以南齐为例进行解释。仅仅公元494年这一年当中，南齐王朝就换了3位皇帝，可见这个政权极其不稳定。

南齐的开国皇帝萧道成53岁篡位，在位4年就去世了，接下来由他的长子萧赜即位，是为齐武帝。萧赜在位 11 年，很有作为，史称"永明之治"，"永明"就是萧赜的年号。493年，萧赜去世，就在他去世的第二年，悲剧发生了。萧赜去世前半年，他的皇太子萧长懋突患急病，先一步离开人世，这是一场意外带来的储位危机。无奈之下，萧赜只能立嫡长孙萧昭业为皇太孙，解决皇位传承问题。但在萧赜弥留之际，发生了一段小插曲。

除了死去的长子萧长懋之外，萧赜还有个次子叫萧子良。萧赜病重时，萧子良每天都在宫里服侍，这给了一些野心家施展的机会。有一位执掌中枢的官员名叫王融，他试图扶植萧子良上位。王融趁职务之便，把萧子良上位的诏书都起草好了，可萧赜稍稍清醒时，明确表态，希望皇太孙继承皇位。萧子良和王融不死心，试图来硬的，扳倒皇太孙萧昭业。这时候出现了一位关键人物：萧鸾，他是萧道成的侄子，萧赜的堂兄弟。

萧鸾是这个家族中年纪较长，也比较有能力的人，几乎凭借一己之力粉碎了萧子良的阴谋，帮助萧昭业顺利登基，这时候萧昭业 21 岁。危机解除了，但权力斗争的戏码并没有落下帷幕。萧鸾帮助皇帝登基，可等到皇帝即位以后，萧鸾反而成为那个最有权势、对皇位最有威胁的人。

除了萧鸾，当时朝中还有两位重要人物，一个叫萧谌，另一个叫萧坦之，两人都曾得到萧道成、萧赜两任皇帝的信任，所以萧昭业也很尊重、信任他们。这两个人审时度势，评估萧鸾的实力，也看到了皇帝和萧鸾之间的矛盾，最终他们作出了倒向萧鸾的选择。而萧昭业一直被蒙在鼓里，仍然视二人为心腹。

萧昭业在父、祖相继去世以后即位，中间经历了叔叔萧子良的政变，加上自己年轻没有经验，很容易产生无所依靠的不安全感，因此在身边聚集了一批他认为可以信任的人。而这些通过皇帝的私人关系进入权力场的人，在史书上照例都会被描写为飞扬跋扈的小人。这批人中有一个叫周奉叔的，一是倚仗皇帝的宠爱，二是自己有一些勇力，便从来不把其他高官放在眼里，经常带着 20 多个佩刀侍卫在宫廷里进进出出。谁要是敢阻拦他，当头就来一句"周郎刀不识君"，意思是我身后这 20 多把刀可不认识你，相当于死亡威胁了。这让萧鸾感到不舒服，皇帝身边有这样的人，会给他的专权地位带来麻烦，于是他让萧谌和萧坦之游说皇帝，既然皇帝如此信任周奉叔，不如让他到地方上做刺史，如果朝廷出现变故，他也可以起兵援助。

皇帝没有经验，单纯地觉得这话有道理，便答应了。但周奉叔提了个要求，说要我走可以，得封个千户侯才行。所谓"千户侯"，就是从 1 千户纳税百姓中，每户抽取 200 钱，作为他的年收入。折算一下，千户侯的年收入是 20 万钱。萧鸾对此非常不满意，觉得周奉叔贪得无厌，只答应给他 300 户。周奉叔倚仗着皇帝的宠爱，在朝堂上大吼大叫。当着皇帝的面，萧鸾忍下了这口气，好说歹说让皇帝同意了他的意见。但刚一退朝，萧鸾就让人把周奉叔叫来，关起门来乱棍打死。萧鸾用此种手段杀了皇帝最信任的人之一，这成为他和皇帝矛盾爆发的导火索。而皇帝此时也听说了萧鸾有意推翻自己，便和萧坦之一起商议对策。他不知道，萧坦之是个间谍，回头就把消息告诉给了萧鸾，催促萧鸾赶紧下手。

最后，在萧鸾、萧坦之、萧谌三人的围攻下，萧昭业被赶下台，死于政变之中。接下来萧鸾并没有自己称帝，而是装模作样又拥立了萧昭业的弟弟，年仅 15 岁的萧昭文，让他做新皇帝。相比之下，萧昭文肯定更加容易控制，萧鸾也趁这个机会，把朝廷权力紧握在自己手中。

为了清除通往王位宝座的障碍，萧鸾先杀了萧道成和萧赜的 12 个子孙。这 12 个人都是封了王的，难道他们一点反抗之力都没有吗？其实南齐有一种典签制度，典签就是掌管文书的小官吏。南齐皇帝对各个王爷不放心，为了防备他们造反，就派典签跟在他们身边，其实就是安插在他们身边的眼线，名义上负责文书管理，事实上负有向皇帝汇报这些宗室一言一行的责任。萧鸾夺权以后，巧妙地利用了典签制度，他把典签全部收买成自己人，让他们刺杀或配合自己杀死了那 12 位王侯。

而后萧鸾意识到，自己虽然利用典签杀了政敌，但任何宝剑都是双刃的。今天利用典签去杀诸侯王，改天再出一个权臣，可以如法炮制，对付自己或他的子孙。于是典签制度在南齐后期被逐步废弃了。

视角转回宫廷内部，在新任小皇帝萧昭文面前，萧鸾自己扮演起了典签角色，他对小皇帝的监控非常严密。小皇帝有一天想吃一条蒸鱼，厨师说，不经萧鸾同意，他们不敢给小皇帝鱼吃。皇太后知道了，觉得这样当皇帝还有什么意思，主动提出让小皇帝退位，把皇位禅让给萧鸾。所以在公元 494 这一年，首先萧昭业登基，不久被萧鸾所杀；萧鸾又扶植了萧昭文，没过多久萧昭文也被废，萧鸾自己登基，一年里出现了 3 个皇帝。

萧鸾即位以后，数了数，发现虽然已经杀了十多个诸侯王，但萧道成和萧赜的子孙当中，还有十几个人有王爵头衔。这让萧鸾很焦虑，他找自己的侄子萧遥光商量，这是他政治上最亲近的人。两人原本商定杀尽萧道成、萧赜子孙中的王侯，却因萧鸾患病昏迷而搁浅。萧遥光担心夜长梦多，于是单方面行动，把这十几个人都叫进宫，让御厨煮了一大锅毒药，想把他们全都毒死。萧遥光果然心狠手辣，连棺材板都准备好了。好在有几位官员和宦官良知未丧，想方设法拖延时间，等到萧鸾清醒时向他汇报。大概因为人之将死会抱有善意，萧鸾也觉得这么做不妥，及时下令阻止，这十几人才保住了性命。但是萧鸾在此之前已经大开杀戒，肆意杀害他人子孙的做法引出一个问题：

你自己的子孙将来怎么办？这是非常严肃的问题。

《左传》里面有一句名言："君以此始，亦必以终。"古语亦有云："螳螂捕蝉，黄雀在后。"萧鸾篡位的时候，"黄雀"已经出现了，此人就是萧衍，梁朝的创建者。萧鸾在位 5 年后去世，临终前，传位给太子萧宝卷。这位太子即位的时候年仅 16 岁，史称"东昏侯"。为何不称"帝"而称"侯"？因为他后来被废，废他的人就是萧衍。

萧鸾的遗诏中任命了几位辅政大臣，其中最重要的有 6 位：有两人姓江，是一对兄弟，一个叫江祏，一个叫江祀；有一位在名义上政治地位最高，就是萧鸾的侄子，心狠手辣的萧遥光；还有一位是老面孔，萧坦之；另外两位，一个是萧宝卷的舅舅刘暄，一个是当时的名士徐孝嗣。而萧衍人在何处呢？他当时的身份是雍州刺史，坐镇战略要地襄阳。这个地方很关键，因为它位于长江中游地区，一旦萧衍想造反，可以很轻松地率军顺江而下，直抵首都南京。

萧衍人虽然不在朝廷，却颇有先见之明，对朝廷局势感到忧虑。他私下和心腹们讨论，朝廷六贵各怀鬼胎，都想获得更大的权力，萧遥光资历深厚，内心毒辣；刘暄是外戚，和皇帝关系紧密；而江氏兄弟则是萧鸾临终前嘱托的真正核心人物。光是他们 4 个，就一定会为了掌控小皇帝而互相争斗。于是萧衍开始作准备，招揽人才，厉兵秣马，静候朝廷内乱的爆发。

萧宝卷的悲剧有一部分和萧昭业相似，甚至更糟。他父亲通过杀戮篡位，以巩固权力，留下的基业也是缺乏信任、充满猜疑的，政治上缺乏良好的运行秩序。所以他和萧昭业一样，豢养了一批自认为可以信任的"小人"，以加强安全感。再加上缺乏良好的教育，德不配位，萧宝卷也的确有不少荒诞的行为，与皇帝的身份不相匹配。这种情况下，很容易造成小皇帝和辅政大臣之间产生矛盾。

果不其然，萧宝卷即位没多久，江氏兄弟就有了废帝意图。但废掉之后拥立谁呢？大臣们产生了不同意见。萧遥光主张立自己为帝，刘暄极力反对，因为他是萧宝卷的舅舅，一旦萧宝卷被废，自己外戚的身份就没有了，也必然会失势。也正是出于这个原因，刘暄情急之中选择了向皇帝告发此事，萧宝卷得以先下手为强，处死了江氏兄弟。

在审讯过程中，江氏兄弟一定会把萧遥光供出来，萧宝卷也对萧遥光自立为帝的企图心知肚明。明知萧遥光是反贼的核心人物，萧宝卷却没有对萧遥光下手，为了消除萧遥光的疑虑，还升了他的官。从这就能看出萧宝卷有些手段，他并不想把辅政大臣一网打尽，还想着团结可以拉拢的力量，哪怕对方曾经反对过自己。然而，萧遥光反而感到不安心，干脆选择了起兵造反。

由于萧遥光自身狐疑、犹豫的问题，这次兵变很快就被平定了。但萧遥光的反叛造成了非常糟糕的后果：小皇帝萧宝卷的态度转变了。萧宝卷毕竟只是一个十几岁的小孩，此前他试图用安抚手段缓和矛盾，没想到安抚不仅没有发挥正面作用，反而促使萧遥光发动兵变。萧宝卷为此非常失望，认为在政治斗争中诚心诚意是没用的。这时候他想起父亲说过的一句话："做事不可在人后。"也就是事事要先下手为强。这次还好，萧遥光造反能力不够，但下次呢？还会这么好运吗？萧宝卷觉得不能再宽厚待人了，要学父亲心狠手辣，于是他很快杀了两个人，一是萧坦之，二是舅舅刘暄。杀前者，是因为江氏兄弟跟萧遥光试图废皇帝的时候，萧坦之虽然没有支持，但也没有举报，说明他对皇帝的忠诚度不够。杀后者，是因为六大辅臣只剩刘暄一位了，最容易和萧宝卷形成权力冲突。

在充满杀戮、毫无信任的氛围中，地方也开始出现骚动，一个叫裴叔业的人带头造反，但他起兵没多久就去世了。有趣的是，当时朝廷派去镇压裴叔业的将军崔慧景，他见叛军头子去世，非但没有及时返回都城，反而自己也选择了倒戈造反，兵锋直指南京。这说明当时人心惶惶，相互猜忌达到了何种可怕的程度。这种政治恐怖氛围萦绕在每个大臣的心头，所有人都感到不安全。崔慧景起兵势如破竹，把南京皇宫围困了整整12天。

就在形势大好之时，变故陡生。当时，萧衍的长兄萧懿是一个既有能力又忠于王朝的重臣。他接到崔慧景造反的消息，马上组织军队勤王。崔慧景大意了，他认为胜利就在眼前，萧懿不足为虑。可事实证明萧懿带兵有方，仅一战就击溃了叛军。这时宫中的人又杀出来，里应外合，彻底打败了崔慧景。之后萧宝卷又做了一件事，他把收集到的所有写给崔慧景的信都聚到一起，一把火烧了。这其实也是萧宝卷尝试重建信任的努力。可悲的是，数十年政治都在缺乏基本信任的环境下恶性循环，这不是萧宝卷凭一人之力能够扭转的。再加上萧宝卷毕竟年轻，心性不定，无法判断和预料措施的价值、前景，更无法加以坚持和有技巧地推进。

就近而言，萧鸾那句"做事不可在人后"开了坏头。当初萧鸾为了夺取权力，几乎杀光了萧道成和萧赜的子孙，因此造成两个问题：第一，他得位的方法不符合规则，是在没有政治秩序的情况下用暴力攫取皇位；第二，虽然用心狠手辣的方式夺得皇位，但萧鸾自己没有安全感，担心他人用同样的手段对付他，他的猜忌必然引来臣下的恐惧和惊疑，君臣双方不能建立信任，臣子之间也相互猜忌，正常的政治秩序无法确立，于是他只能叮嘱儿子延续心狠手辣的作风。时间一长，所有人都缺乏安全感，高压下的矛盾除了在大乱中爆发，别无宣泄途径。

这至少告诉我们两条教训。第一，不要轻易破坏规则，一旦规则可以随便破坏，眼前来看你得利了，但终有一天你会被破坏的游戏规则所伤害。第二，人和人之间的信任很难建立，却易于拆毁。反之，人与人之间的不信任和猜忌，却是非常容易引发的，而消除已经形成的不信任，那更是难上加难。

崔慧景事件结束后没多久，萧衍就起兵造反了。这事还得从他哥哥萧懿说起。崔慧景兵临南京城下时，萧宝卷依靠萧懿的勤王力量才得以保住皇位。但是，萧宝卷担心萧懿是下一个谋反者，萧懿担心萧宝卷加害自己，双方互不信任，进而采取自保动作，而这种自保动作会被对方视为进攻意图。

萧懿帮助萧宝卷平定叛乱以后，成为朝廷上举足轻重的首席大臣，他另一位弟弟萧畅也参与朝政。萧氏兄弟一共 10 人，势力非常大。萧懿是老大，萧衍是老三，萧畅是老四。老大萧懿坐镇朝廷，老三萧衍统帅雄兵，在长江中游坐镇襄阳。这时就有人提醒萧宝卷，该考虑考虑萧懿是否靠得住。萧宝卷已经经历了太多背叛，一个十几岁的少年在短短几年内看到了太多腥风血雨，于是思前想后，还是决定践行父亲萧鸾的理念，"做事不可在人后"，不管萧懿有没有反心，都要先下手干掉他。

面对萧宝卷赐给自己的毒药，萧懿不改忠臣本色，临死之前说："我三弟统帅雄兵，他一定不会善罢甘休，这才是朝廷的忧患。"萧衍得知哥哥死讯后，非常愤怒，果然马上起兵。消息传回南京，萧宝卷派遣将军刘山阳率领 3 千人马前往荆州江陵（今湖北荆州）。萧宝卷本来的安排是让刘山阳率兵到达荆州，督促地方官员萧颖胄整顿好荆州人马，二军合并，一起去镇压萧衍。

没想到萧衍手段高明，使了个反间计。萧衍先派人到荆州四处散布言论，说小皇帝疑心太重，连萧懿这样有大功的忠臣都杀，如此心胸能容得下谁？这一次小皇帝让刘山阳到荆州借兵灭萧衍，可萧衍被灭之后，荆州也没有利用价值了，他肯定已经嘱咐刘山阳，等灭了萧衍之后，顺手收拾荆州势力集团。朝廷本就腥风血雨，再加上这么一轮谣言，萧颖胄心里滋生了疑虑。与此同时，刘山阳也听到了这一传言，他看萧颖胄态度冷淡，也不敢贸然率军进入荆州，担心有埋伏。就这样，原本要配合作战的双方产生了隔阂。

萧衍看到萧颖胄有疑虑，赶紧趁机拉拢他，派了一位名叫王天虎的使者去游说萧颖胄。刘山阳得知后就更加怀疑，觉得萧颖胄和萧衍有不可告人的秘密。萧颖胄也逐渐明白，事情发展到这一步，他跟刘山阳之间的信任无法重建了，似乎只剩下投奔萧衍这一条路，但投名状到哪里找呢？最后，萧颖胄想出了个高招，二话不说，砍了萧衍使者王天虎的项上人头，送给刘山阳，安抚他说，萧衍的确派人来说服自己造反，但自己把他的使者给杀了，以示与萧衍决裂，刘山阳总该相信自己了吧。

刘山阳因此放下戒心，率领军队进入荆州，可刚一进荆州城，就中了萧颖胄的伏兵。萧颖胄杀了刘山阳，再把刘山阳的人头送给萧衍。萧衍是成大事之人，也知道萧颖胄借王天虎人头是迫不得已，于是不计前嫌，展开合作。等到第二年，公元501年，萧衍花了将近一年时间打败萧宝卷。当年十二月，新年到来之前，萧宝卷在宫里被叛徒所杀。萧宝卷之死颇令人唏嘘，他是难以建立信任的恐怖政治的牺牲品。公元502年，萧衍称帝，完成了齐梁禅代。

第八章

团队控制力

汉文帝的平衡术：强势方妥协

平衡是一门艺术，处理家庭关系需要平衡，处理朋友关系需要平衡，从事管理工作更需要平衡。在《资治通鉴》所记载的重量级政治家中，我个人认为最懂得平衡艺术的，是汉文帝。而汉文帝之所以能上台，恰恰是因为之前掌握政权的吕太后，也就是刘邦的遗孀吕雉，太不懂得平衡艺术了，这两人正好形成鲜明对比。

先说吕雉，她也真是不容易，老公刘邦在外创业，一去好多年，吕雉带着老人、孩子担惊受怕，还一度被项羽抓走做人质。刘邦花了3年参与灭秦战争，又花了5年与项羽争天下，前后8年时间。这8年里，吕雉绝大多数时间不在刘邦身边，而刘邦又有了新欢，就是能歌善舞的戚夫人。戚夫人才是刘邦戎马生涯中的红颜知己，她给刘邦生过一个儿子。这个儿子是刘邦8个儿子中的老三，名叫刘如意，后来被封为赵王。

刘邦称帝以后，和吕雉是分居的，一个住在未央宫，一个住在长乐宫。陪伴刘邦住在未央宫的，还是戚夫人。正是仗着刘邦的宠爱，戚夫人也有了野心，试图把自己的儿子推上太子之位，取代吕雉的儿子刘盈。于是戚夫人和吕雉之间闹起了很大的矛盾。这一局，吕雉最终有惊无险，取得了胜利。原因有三。第一，从礼法制度上说，不管刘邦怎么宠爱戚夫人，毕竟吕雉才是原配夫人，她的儿子才是嫡子。按照中国传统制度，嫡子当然具有继承权的优势。第二，刘邦军功集团中那些最核心的铁杆老兄弟，都是从沛县起义就追随刘邦的老乡亲，他们认的大嫂是吕雉。戚夫人在他们眼里就是个宠姬，没有地位可言。第三，吕雉自己虽然没有参与行军打仗，但她的兄弟是带兵追随刘邦打天下的，并且和刘邦共同攻入咸阳，在推翻秦朝的过程中建立了功勋，所以在刘邦称帝以后，她的兄弟也封了侯。综合以上三大因素，身份优势、功臣集团的支持、娘家兄弟有地位，吕雉胜出。刘邦死后，吕雉的儿子刘盈顺利即位，就是历史上的汉惠帝。

或许是因为成果得来太不容易了，吕雉拼命想保住它，使尽了浑身解数来巩固自己和儿子的权位，有时候甚至丧失了理性。不能理性思考、规划，是高层政治最大的忌讳。连理性都不存了，还怎么兼顾平衡？有一个非常核心的问题，当年支持吕雉的功臣元老们，他们在刘邦死后，想从吕雉这里得到什么？当然是利益共享啊，否则当初为什么拼了命也要保住你们母子？比如说功臣集团中的周昌，刘邦在世的时候担任副宰相，为了支持吕雉母子，周昌曾经和刘邦起过很大冲突。然而吕雉掌权以后，并没有很好地尊重、回报周昌。吕雉迫切地想把权力抓在自己手里，大力培植娘家势力，不仅给兄弟、侄子封王，甚至她的远房堂侄都掌握了大权。负责长安和皇宫安全的两支禁军，更是交给两位她信赖的侄子掌管。这个过程中，吕雉不仅忽略了和功臣们分享胜利果实，甚至还让功臣们感到权力受到侵蚀。政权、军权都被吕家的人把持，像周勃、陈平这样帮助刘邦打天下的元老都靠边站了。吕雉和这些曾经支持自己的功臣们都搞不好关系，更何况是处理其他问题？

吕雉在处理权力结构方面，犯过很多错误，不仅和功臣集团产生了矛盾，还给她最想保护的儿子刘盈造成了很大的伤害。看两件事便可见一斑，第一件事，吕雉让刘盈娶了他的亲外甥女。除了刘盈这个儿子外，吕雉和刘邦还生过一个女儿，就是鲁元公主。掌权以后，吕雉不仅想保住儿子的大位，也想让女儿分享权力的一杯羹，世世代代享受富贵。于是吕雉绞尽脑汁，想出了一个不可思议的主意，让鲁元公主的女儿嫁给皇帝舅舅做皇后。在吕雉看来，儿子这一支血脉世世代代传承皇位，女儿这支血脉的利益，就用皇后的宝座来保障。不要说现代眼光无法认同，即便在当时人看来，这个主意也是既幼稚又愚蠢的，汉代就有专门批评此类不伦关系的词汇，叫"禽兽行"。刘盈算是倒霉透了，娶了亲外甥女做媳妇，他的心理障碍得有多大，这就是承受不起的母爱。吕雉的权力观念，其实就是一种吃独食的观念。站在功臣官僚集团的角度看，那就不是幼稚的问题，而是过于霸道了，什么好处都往自己碗里揽，不给别人留一丁点儿。

给刘盈造成更大伤害的，是吕雉处理戚夫人的残忍手段。吕雉当然有理由恨戚夫人，但她把戚夫人截去手脚，又把她的眼睛熏瞎，做成"人彘"，这是有违基本人道，就不是人应该做的事情。吕雉犯的更大错误，是让刘盈去参观"人彘"。吕雉的本意是想传递两个信息，一是告诉儿子，自己为他做了多少事，想让他感恩自己；二是要儿子学会使用狠手段。吕雉体会到了"女人不狠，地位不稳"的含义，想要儿子在权力斗争中向她学习。但本性善良的刘盈看到"人彘"这残忍的一幕后，受到了严重惊吓，从此一病不起。此后刘盈有个小小心愿，想保全戚夫人的儿子刘如意。可最终吕雉还是杀害了刘如意，没有满足刘盈的愿望。受这些打击后，刘盈不仅对政治失去了兴趣，还开始酗酒。他和外甥女之间没有发生过两性关系，所以没有子嗣。吕雉的野蛮，本来是想给予儿子和外孙女更多荣华富贵，结果反而害了他俩。

吕雉是典型的把情绪带到工作中的人。身为太后，要处理帝国大事，吕雉掌握的是公权力，行使这种权力，必须考虑到平衡各方利益。虽然为自己盘算，甚至是打击异己，都是难免的，但明显的失衡，一定会出现问题，导致政权不稳定。更何况吕雉还利用权力发泄私仇。刘盈做了几年皇帝，受到"人彘"事件刺激，便甩下皇权不管，不久就去世了。之后几年吕雉独自掌权，她并没有好好地反思，反而变本加厉，认为只有尽最大可能扶持吕氏的力量，才能确保自己的权势和地位。备受打压的刘室宗亲，以及被夺权的功臣集团都无法再容忍下去，熬到吕雉去世，他们就联起手来把吕氏集团消灭了。吕雉不懂节制个人情绪，也不懂得权利平衡的原理，这些都是刘盈和整个吕氏集团悲剧的源头。

功臣们平定吕氏集团后，迎立刘邦的第四个儿子刘恒为皇帝，这就是汉文帝，"文景之治"的开创者。和普通皇帝相比，汉文帝到底优秀在哪儿？通常认为，节俭、守法是汉文帝的优点，当然正确。但在我看来，汉文帝的优秀还有更接近本质的内容。汉文帝最优秀、最值得注意的特点就是他懂得平衡的意义，尊重平衡，而且能在处于强势地位的情况下依然克制欲望，抑制行使权力的冲动。这一点和吕雉恰恰相反。

一旦某一个人的势力独大，往往会为所欲为，想干什么就干什么，这样的皇帝在中国历史上屡见不鲜，而像汉文帝这样懂得抑制自己以达到结构平衡的皇帝是非常少见的。

公元前 162 年，丞相张苍被罢免，汉文帝必须物色一位新丞相。一开始，汉文帝觉得自己的小舅子窦广国这个人不错，既有品行，又有能力，是丞相职位的合适人选。但是他转念一想，不行，这么做不妥当。虽然窦广国有品行、有能力，但天下人不见得这么想。百姓们一看窦广国做了丞相，很可能会认为他是依靠皇帝的私人感情坐上高位，非但不能体现窦广国的品行和才能，反而替他招来怨谤，也给皇帝自己带来声誉上的损失。所以汉文帝最终放弃了这个念头。

窦广国不行，那谁来继任丞相呢？按照汉朝建国以来的规矩，丞相都是由功臣担任的，无论是萧何、曹参，还是后来的陈平、周勃、灌婴，他们都是追随汉高祖刘邦的开国功臣。但是到了汉文帝时代，当年追随刘邦打天下的重要功臣几乎亡故殆尽，活着的功臣当中又没几个堪当大任的，所以汉文帝也很为难。考虑来考虑去，汉文帝看中了一个叫申屠嘉的人。申屠嘉当时担任御史大夫，职位在汉朝时相当于副宰相，从副宰相晋升为宰相，也算合理，所以汉文帝最终决定由申屠嘉继任丞相。申屠嘉"故以材官蹶张从高帝……封关内侯"，就是说，申屠嘉也是跟随刘邦打过天下的，当年是刘邦身边的一位大力射手。汉朝建立以后，他被封为关内侯。地位比不上第一梯队的大功臣，但也算有资历。此外，申屠嘉还是一位廉洁正直的官员，"门不受私谒"，官员如果没有公务而去拜访他，他是不会见的。

这位廉洁正直的新丞相上任后不久，就和汉文帝身边的一个人发生了冲突，这人是汉文帝的宠臣，邓通。说起汉文帝为什么宠爱邓通，有一个很有意思的故事。汉文帝成为皇帝之前做过一个梦，梦见一条黄龙在自己面前，他想爬上去，乘龙飞天，但怎么爬也爬不上去。这时候来了一个人，从背后推了他一下，他才得以乘上黄龙飞升而去。这是非常吉祥的梦兆，预示着他将飞龙在天，也就是能登基做皇帝。后来果然应验了，他真的成了皇帝。汉文帝想起这个梦的时候，觉得很奇怪，他深刻地记着那个推他乘龙之人的长相，但在现实生活中，从没有遇到过这个人，直到有一天，他看到邓通，发现这就是当年梦中的那个人。汉文帝是否真的做过这样一场梦，现在已经不得而知了，可以知道的是，汉文帝就是以此为由宠信邓通的。史家们说邓通其实是汉文帝的男宠。

由于二人之间的特殊感情，汉文帝总是赏赐给邓通很多财物，又经常跑到他家参与宴饮。邓通也仗着皇帝对他的宠信，越来越肆无忌惮。就在邓通自我感觉良好的时候，申屠嘉出现了。有一次，申屠嘉去见汉文帝，邓通正好就在汉文帝身边。皇帝跟丞相商量国家大事，闲杂人等照理要避嫌。结果邓通不但不避开，还要时时插话。申屠嘉生性耿直，禀报完公事，就对皇帝说："陛下幸爱群臣，则富贵之；至于朝廷之礼，不可以不肃。"申屠嘉当面指出了邓通傲慢无礼，作为皇帝，不应该这样放任他。朝廷之上，你是君主，我是宰相，哪里有他傲慢的份？汉文帝听后悄悄地对申屠嘉说："君勿言，吾私之。"意思是丞相你别说了，私下里我会教育他的。

然而，申屠嘉并没有就此罢休，回到丞相府以后，马上写了一通公文，派人去把邓通给传来，而且和去传唤的人说，邓通要是不来，就说丞相要杀他。丞相府的公文一送到邓通手上，邓通就害怕了，他也不敢去见申屠嘉，就先跑到宫里见汉文帝。汉文帝说："丞相既然叫你，你就去，如果他为难你的话，不用担心，我一定会派人把你救出来。"

有了汉文帝的承诺，邓通才敢去见申屠嘉。见到申屠嘉以后"免冠、徒跣，顿首谢嘉"，把帽子也脱了，鞋子也脱了，跪在申屠嘉面前，磕头请罪。申屠嘉坐在上面，丝毫不为所动，严厉地斥责道："夫朝廷者，高帝之朝廷也。通小臣，戏殿上，大不敬，当斩。"朝廷是高祖皇帝的朝廷，你邓通作为一个小小的宠臣，居然敢在大殿上嬉闹，目无大臣，这是大不敬之罪，应当斩首。申屠嘉说完马上传令："吏！今行斩之！"让人把邓通拖下去，想要当场把他杀了。邓通大惊失色，跪在地上不停地磕头，磕到脑袋都出血了，心里惦记着汉文帝快点派人来救他。

汉文帝那头也掐着指头算，不让邓通去丞相府受点罪，申屠嘉的气是消不下去的，但真要把邓通杀了，他也舍不得。汉文帝估摸着时间，算一算申屠嘉困辱邓通差不多也够了，就派使者去丞相府把邓通救了出来。邓通躲过一劫，跑到汉文帝面前哭诉，说"丞相几杀臣"，意思是说，你的使者再晚来一步，丞相就真把我给杀了。汉文帝心里明白，申屠嘉作为丞相的权威，是必须维护的。

从这个故事我们就能看出来，汉文帝非常懂得维持平衡的重要性。首先，汉文帝为什么没有让小舅子接任丞相职务？除了怕被人误解，还有另一层原因，汉文帝目睹了诸吕之乱，不愿意让外戚家族再一次在权力结构中坐大，以免刺激功臣官僚集团，破坏权力结构的平衡。第二，汉文帝在处理丞相和宠臣之间矛盾的时候，他不会利用自己的权力把对邓通的私宠无限放大，而是充分尊重丞相的权力，尊重申屠嘉维护朝廷纲纪的诉求。

汉文帝不仅注重和大臣之间的权力平衡，在对待诸侯王的时候更是如此。吴王刘濞（刘邦的侄子）曾让自己的儿子到长安朝觐汉文帝，朝觐完了没事儿干，这小孩就和当时的太子，也就是后来的汉景帝，两人一起下棋。下着下着，两人起了争执，结果皇太子操起棋盘挥去，失手把刘濞的儿子给打死了。

刘濞当然愤怒，活生生的儿子到你那儿待了几天就突然死了。儿子的死让刘濞耿耿于怀，对朝廷不满，接下来很多年都没亲自去长安朝觐皇帝。一方面皇帝也明白，刘濞是因为儿子的死，心怀怨恨。另一方面，维护纲纪的官员还是要按例频繁询问刘濞派来的使者，刘濞怎么这么多年不肯尽臣子的礼节？一来二去，刘濞心里也害怕，担心朝廷会以此为由讨伐自己，于是他暗地里想要造反。

刘濞本身很会打仗，他统治的吴国又是地产丰富，财政状况非常好的区域，假如刘濞真的造反，对中央政府来说是一件很头疼的事。所以汉文帝采取绥靖策略，主动派人给刘濞送了几和杖。"几"是小几案，"杖"就是拐杖。汉代人都是跪坐，时间久了容易吃力，对老年人来说更是如此，在座席前放个小几案，累了可以用手撑一撑，缓解疲劳。当时刘濞五十多岁，在古代可以算是高寿老人了。而按礼法，凡是被皇帝赐予几杖的，都不用按照常规礼节去朝觐皇帝。所以汉文帝送刘濞这些东西，意思就是吴王你年纪确实大啦，不必亲自来长安朝觐了。这样一来，吴王不去朝觐就变得合法。汉文帝就用这一招，实际上缓和了与吴王之间的矛盾。与诸侯王产生矛盾的时候，汉文帝愿意让步，用温和的方式加以缓和，以达到中央和地方关系的平衡。

权力结构的平衡是由各方妥协形成的，无数的历史事实证明，要求占有强势地位的一方妥协是一件比较困难的事情。汉文帝的了不起就在这里，他是皇帝，是最强势的一方，但他愿意妥协。只有当强势一方主动妥协的时候，平衡才有可能达成。

前面这两个故事，发生在汉文帝即位十多年之后，此前他早已经历过与众多功臣、宗族代表之间的较量和博弈。所以，当宠臣邓通与丞相申屠嘉产生矛盾，自己和吴王产生矛盾这两件事发生的时候，他已经是一个非常有经验，也非常有权威的皇帝了，即便如此，他仍然愿意退一步，和大臣、诸侯形成新的平衡关系。汉文帝深知只有在平衡状态下，权力结构才是稳定的，才是可持续的。这就是汉文帝的智慧，是他了不起的地方。

光武缉盗：赏功与容错

《资治通鉴》在描写汉武帝一朝时，有这样一句话："上以法制御下，好尊用酷吏。"汉武帝名义上重视法制，以法制来驾驭朝廷、国家，但所信任、重用的，却都是酷吏。所谓酷吏，就是用法严苛、喜好刑罚的官吏。在汉武帝时代，这样的人有很多，比如张汤、义纵、王舒温等。

以义纵为例，来看一下酷吏的大致形象。在《资治通鉴》中，为了塑造义纵这个人物，司马光先铺垫了另一位官员宁成的事迹。宁成当时的官职是函谷关的都尉，负责盘查进出函谷关的人群，这个人很厉害，以至于在百姓中流传着一句话："宁见乳虎，无值宁成之怒。"意思是说，宁可碰到一只攻击性很强的在哺乳期的母老虎，也不要去触怒宁成这个人，可见宁成有多么凶狠。紧接着，义纵正式出场了，他被朝廷调去南阳郡做太守。

义纵去南阳郡赴任一定会经过函谷关，而宁成的老家就在南阳。所以对宁成而言，义纵马上就是家乡的"父母官"了。等到义纵出关的时候，宁成侧行送迎，不敢在义纵面前正着走，以表示恭敬。这种恭敬和他对待百姓时的凶狠形成了鲜明对比。令宁成意想不到的是，义纵丝毫不给他面子，到了南阳后，马上追查宁氏家族有没有违章违法。一经查验，宁氏家族违法的事情果然很多。所以，虽然宁成对义纵非常恭敬，但是义纵到了南阳做的第一件事就是"遂按宁氏，破碎其家"，把宁成搞得家破人亡。

这样一来，义纵在南阳郡的权威马上就树立起来了，百姓一看连宁成这么不可一世的人物都栽在他手里，所以"南阳吏民重足一迹"，意思是说百姓和官吏们连走路都十分小心，后一只脚踩在前一只脚的脚印上，以此来形容南阳百姓的恐惧之心，生怕被义纵抓住把柄。

后来，朝廷又派义纵到定襄郡。这里是汉朝和匈奴交界的边关重镇，大军常在此处来来去去，可想而知，当地老百姓的负担特别沉重，因为他们有供养军队和转运粮草的义务。在这样的背景下，一些百姓不肯配合朝廷，铤而走险沦为盗贼。至于那些不敢造反，又不想遭受苦役的百姓则四处逃亡，所以这是个很难治理的地方。朝廷派义纵过去，就是希望他能用手段整治这里。

义纵的作风一贯雷厉风行，刚到定襄郡，马上就有动作，"掩定襄狱中重罪、轻系二百余人"，去查监狱里那些"重罪轻系"的人。所谓"重罪轻系"，就是有些罪犯的罪很重，但凭借某些关系，受到的惩罚却比较轻。经排查，查出200多个此类罪犯。除此之外，还排查出有些罪犯家中有势力，养了一些门客，这些门客通过不合法的手段私自探监，收买狱卒。这样的人也查出200多名，加上之前200多"重罪轻系"者，总共400多人，"是日，皆报杀四百余人"。义纵下令，一日之内将这些人全部处死，"其后郡中不寒而栗"。

《资治通鉴》总结说："是时，赵禹、张汤以深刻为九卿，然其治尚辅法而行；纵专以鹰击为治。"意思是说，汉武帝早期的酷吏代表，赵禹和张汤，总要想方设法从严整治犯人，没罪的变轻罪，轻罪的变重罪，重罪的变死刑，以残酷治理为追求。可是，赵禹、张汤做事情还会依照规矩，这个规矩就是当时的"法"。尽管他们在执行法律的时候，比一般人严酷，但他们至少会想方法找到执法理由。义纵却不是这样，他"专以鹰击为治"，丝毫不考虑法律，一心想着怎样用手段。那么义纵的准绳、底线是什么？他的准绳就是皇帝的心意，只要皇帝认可的，就是可行的。或者说，他认为自己是在为朝廷解决问题，不用顾及法律。朝廷把他调到定襄郡的潜台词他心里十分明白，就是这个地方的老百姓难管，自己要用各种手段完成朝廷交代的任务。

这会导致什么后果？百姓会心甘情愿地被这样的酷吏统治吗？恰恰相反，当时酷吏纵横，各地暴虐的郡守很多，在这样的高压环境下，百姓反而变得不害怕犯法了，因为不管如何小心，都很容易被酷吏陷于法网，受到重罚。既然如此，不如破罐子破摔吧。所以很多百姓啸聚山林，铤而走险，攻打城邑，抢夺兵器，甚至释放牢狱里的死囚，杀戮地方官员。

很快，消息就传到了汉武帝的耳朵里，汉武帝想了很多解决办法，先后派遣多位中央官员去镇压，但没有任何效果，继而又调集军队去围剿，前前后后杀了一万多个盗贼，连坐了数千个纵容匪徒的百姓。有句俗语叫"按下葫芦起了瓢"，当时汉武帝遇到的就是这种情况，地方上的小规模骚动屡禁不止，"散卒失亡复聚党阻山川者往往而群居，无可奈何"。成团伙的盗贼被打散了，又重新聚集，阻断山川，朝廷拿他们根本没办法。

到最后，汉武帝非常生气，下达了一条《沈命法》，规定"群盗起，不发觉，发觉而捕弗满品者，二千石以下至小吏，主者皆死"。就是说如果盗贼猖狂，作为地方官员没有察觉到；或者虽然发觉了，却不去捕捉；或者去捕捉了，但超过了期限，没有达成相应的成绩，那么，这个地区从最高长官到最小的官吏，一律处死。

这样一来，那些地方小吏因为害怕被处死，即便发现了盗贼也不敢上报到郡府。同样地，郡府的长官担心受到处罚，也暗中下令，不准小吏们上报匪情。可想而知，最终的结果就是"盗贼浸多，上下相为匿，以文辞避法焉"。盗贼日渐一日地多了起来，而各级官员都在隐瞒事实，诈称无盗，借此躲避法律的制裁。这种盗贼横行的局面一直延续到汉武帝生命的最后一刻。综观汉武帝的捕盗策略，是非常失败的。东汉开国皇帝光武帝刘秀，也曾面临类似情景，但他采取了完全不同的策略。可以把他和汉武帝作个比较，看看有什么启发。

光武帝统治中期，在全国实施"度田"，也就是对每家每户的土地进行丈量，以确认每户人家应缴纳的赋税。这是关乎百姓切身利益的大事，而一些地方官员在实施过程中，或是收受贿赂，或是惧怕豪强，丈量土地的时候上下其手，造成严重不公平现象，激起民愤，进而演变成骚乱。《资治通鉴》中说："郡国群盗处处并起。郡县追讨，到则解散，去复屯结，青、徐、幽、冀四州尤甚。"光武帝的应对策略，一开始和汉武帝一样，派兵去围剿。这些叛乱分子一看到官兵来了，就解散逃遁；一旦官兵撤退，他们又重新聚集屯结。朝廷为此感到头疼。

后来光武帝和大臣们想出一个很聪明的办法，具体策略分为两部分。第一部分是针对叛乱者的："遣使者下郡国，听群盗自相纠摘，五人共斩一人者，除其罪。"这招叫"以毒攻毒"，等于给叛乱者开了一条自新之路，允许他们通过剿除其他叛乱者来赎罪，5 个叛乱者斩获其他 1 个叛乱者，这 5 个人就能免罪。可以想象，这条法令一颁布，叛乱者内部一定会出现极为混乱的现象，相互猜忌、提防乃至杀戮。这些人本来就是乌合之众，一旦矛盾升华就会内部崩溃。这样官兵就省了大力气，可以坐待其消亡。

法令的第二部分是针对地方官吏的："吏虽逗留回避故纵者，皆勿问，听以禽讨为效。其牧守令长坐界内有盗贼而不收捕者，又以畏慑捐城委守者，皆不以为负，但取获贼多少为殿最，唯蔽匿者乃罪之。"这条内容可以概括为只赏功劳，不问过失。地方官员中难免有些畏懦怕事的，讨贼的时候逗留不前、畏敌回避，乃至于为避战而纵放盗贼，甚至有弃城逃走的。这样的官吏原本都是要问重罪的。光武帝说，凡是以往犯过这些错误的官员，这次就不计较了，允许他们通过讨贼来赎罪。对于捕盗有功绩的官员，根据功劳大小进行奖赏。其余的，除了窝藏盗贼外，一概不问。

这么宽松的法律，其效果如何呢？《资治通鉴》描述道："于是更相追捕，贼并解散，徙其魁帅于他郡，赋田受禀，使安生业。自是牛马放牧不收，邑门不闭。"因为捕盗失败不会受到惩罚，捕盗成功则可以受到奖赏，官吏们没有了后顾之忧，反而更为积极地尝试各种打击盗贼的方案，更努力地去捕盗，因此取得了很大的成绩。最终盗贼解散，老百姓安居乐业。放牧牛马的，可以任由牛马在野外晃悠，不必担心被劫夺，治安好到可以不必关闭城门。

对于那些挑头闹事的"匪首"，光武帝也不是用简单粗暴的镇压手段，一杀了事，而是考虑到，从根本上说这些人也是老百姓，叛乱是由度田不公引起的，这也是朝廷必须正视的问题。所以对匪首的处理，是把他们迁徙到其他郡县，给他们分配土地，劝他们耕种安居。这一系列政策收到了非常好的效果，社会迅速稳定了下来。

光武帝的策略和汉武帝形成了鲜明的对比。汉武帝督责官吏很严厉，官吏反而缩手缩脚不敢行动，甚至隐瞒、包庇盗贼。光武帝对待地方官吏很宽容，有过不问，有功则赏，最终效果是官吏们主动积极地抓捕盗贼。两种策略对应两种完全不同的治理效果。

光武帝之所以能这么做，跟他一贯以来的宽容性格有关。宽容是人和人之间交往中非常重要的品质。没有一个人是完美的，所有人都会犯错误。把每一件事都做得正确无误，那是不可能的。如果你是一位团队领袖，对每一个错误都斤斤计较，毫不宽容，那就很难成为优秀的领导者。古人说："水至清则无鱼，人至察则无徒。"意思是说，对于别人的过错过于斤斤计较，过于明察秋毫的人，往往不容易相处，很难聚起人气。所以必要的宽容是非常重要的一项领袖素质。

早在刘秀称帝之前，他还在河北经营的时候，碰到过一个劲敌叫王郎，刘秀曾经被此人追迫得非常狼狈。后来刘秀的势力强大起来，终于将王郎击败。在整理缴获的战利品时，刘秀发现，自己的部下和辖区内的豪强居然与王郎频繁通信，信件多达上千封。也就是说，在刘秀与王郎作战时，很多人都不相信刘秀能取胜，所以他们借着通信和王郎搞好关系，为自己留后路。对于这种"脚踏两只船"的做法，刘秀并没有发怒，而是看都不看一眼，直接让人把这上千封信全部烧毁，"令反侧自安"。刘秀心里明白，这些人无非就是打着小算盘，想为自己多找一条出路。现在王郎这条路断绝了，他们当然不希望别人知道自己曾经和敌人暗通款曲。在刘秀得知此事的情况下，这些人的内心肯定惶恐不安。如果他们因为惧怕刘秀报复而站到对立面，那刘秀不就要面对一批新的敌人了吗？所以说，刘秀这一招很高明，看都不看，全部烧掉，不拿捏他人的任何把柄，好让他们安心。刘秀的高明之处就在于他对懦弱的人性给予了同情与理解。

如果非常理想化地设想每一个人的人性都是非常光明的，这是异想天开。既然不可能，那就要面对人性具有黑暗面这一事实，承认它，包容它。事情已经过去了，就让它过去，不要再把矛盾摊到台面上，使之激化，制造新的恐慌。刘秀既显示了自己的大度，又解除了他人的疑虑，让他们能够安安心心地待在自己的阵营里。进一步说，刘秀这样的举措也可以感化其中一部分人，获得他们更大的信任和忠诚。

熟悉历史的朋友对此类故事不会陌生，因为在东汉末年的官渡之战中也发生过类似情节。曹操战胜袁绍后，发现自己阵营中有很多人给袁绍写过信。曹操也是看都不看，直接一把火将信件烧掉。曹操说，当时战局艰难，连他自己都没有信心一定能战胜袁绍，更何况手下那些人。

所以，如果想成大事，一定要记住，人无完人，千万不能要求团队里所有人都是道德完人，明白了这一点，才能扮演好团队领袖的角色。回到汉武帝与光武帝不同捕盗策略的比较，也正是因为光武帝更能洞晓人性的脆弱，给予宽容、因势利导，才能取得更好的社会治理效果。

相州大战：放权不疑

　　杜甫有一篇名作《石壕吏》，其中有两句："听妇前致词，三男邺城戍，一男附书至，二男新战死。"杜甫写下这首诗的时间，是在唐肃宗乾元二年（公元 759 年），这是安史之乱爆发的第五年。这一年春天，杜甫被贬为华州司功参军，从洛阳一路向西赶往华州，也就是今天的陕西渭南。就在杜甫被贬的几个月前，相州（也称邺郡，包括今天河南安阳至河北临漳一带）爆发了一场重要战役，包括郭子仪、李嗣业、李光弼等名将在内的 9 位节度使围攻叛军，明明胜利在望，结果形势突然逆转，唐军全面溃败。郭子仪被迫退回到河阳，就是今天的河南孟州，在那补充兵力。所谓补充兵力，无外乎强进民宅，四处抽丁，这一幕恰好被杜甫看到，《石壕吏》就是在这个背景下写成的。

9位节度使联袂的这场相州之战，是安史之乱的重要转折点，本来已经显现出衰败之相的叛军重新崛起，唐王朝也失去了快速剿灭叛军的机会。而这场战役真正值得思考的地方在于，当时唐军无论是人数还是物资储备都远远胜过叛军，若在战前进行分析，会让人觉得唐军想打输都很难，可结果唐军就是打输了。本章就来分析一下，相州之战唐军战败的主要原因，以及它的启发意义。

为什么说相州战役之前，叛军已显衰败之象？因为在战役爆发之前不久，安庆绪在权力斗争中亲手杀死了自己的父亲安禄山，并且成为叛军的实际领袖。可是当安庆绪真的坐在了他日思夜想的位置上，却发现整个局面不是他能掌控得了的。史书用7个字为我们勾勒出了安庆绪的人物形象："素懦弱，言词无序。"首先，安庆绪性格犹豫软弱，根本没有继承安禄山的政治智商和果断性格；其次，安庆绪语言表达能力差，登不上台面。这样一个年轻人，怎么能驾驭得了叛军中为数众多，匪气十足的将校呢？

在集团内部不稳固的背景下，叛军先后丢掉两京（也就是首都长安和东都洛阳），安庆绪逃到了邺郡。邺郡虽然是叛军重要的军事基地，但《资治通鉴》简明扼要地指出了此时叛军的弱点——"枝党离析"，也就是内部四分五裂。而且安庆绪本人似乎也有一种破罐破摔的负面情绪，最在意的事情就是修建楼船美景，与人饮酒作乐。在邺郡，安庆绪手底下有 4 位心腹，其中高尚、张通儒两位，执着于争权夺利，相互抵牾。第三位倒有才略，名叫蔡希德。安史之乱前期，颜杲卿（中唐名臣，著名书法家颜真卿的堂兄）镇守的常山，就是被史思明、蔡希德联手攻破，随后主将被捉到洛阳处死。但蔡希德性格耿直，直言不讳，平日交流中就得罪了张通儒，随后被张通儒害死。第四位叫作崔乾祐，身份是天下兵马使，总领内外大军，可是这个人刚愎乖戾，好杀人，所以士卒私下对他怨言很多。

总结一下，可以发现邺郡叛军至少有 3 个弱点：第一，安庆绪领导能力不足，玩物丧志；第二，高级官员、将领之间矛盾颇多；第三，军队将士并非忠心耿耿。面对这么一个问题重重的敌人，唐肃宗集结了九大节度使，而且其中不乏郭子仪、李光弼这样的名将，希望一战击溃安庆绪。可问题恰恰出在这里。"上以子仪、光弼皆元勋，难相统属，故不置元帅，但以宦官开府仪同三司鱼朝恩为观军容宣慰处置使"，就是说唐肃宗觉得，郭子仪、李光弼都是级别颇高的元勋重臣，无论谁担任统帅都不合适，于是这 9 位节度使及 20 万大军，干脆不设总统帅，只派了一个名叫鱼朝恩的宦官负责协调、决策。

为什么是这个安排呢？对于唐肃宗来说，安、史这类叛将固然是他的大敌，但即便是今天忠于他的郭子仪、李光弼，也不能放手让他们一味坐大，谁也无法预料将来会发生什么。宦官是皇帝的家奴，所有权力都是皇帝赐予，而且宦官俗称"一命人"，没有子嗣传承，一般来说不会有觊觎皇位的野心，这是历史上很多皇帝宁可信任宦官，也不信任朝臣的根本原因。唐肃宗这次的安排也有此类考虑的影响。

战争打响之初，唐军郭子仪非常顺利地大败叛将安太清，并对叛军另一个重要据点卫州实施包围。此时，李嗣业又和其他4位节度使一起赶来，与郭子仪合兵一处，唐军声势大壮。

得知卫州被围，安庆绪亲自率领数万人马前来支援，结果又被郭子仪等人打退。而且在此过程中，安庆绪的弟弟安庆和被俘虏，卫州也失守了。唐朝这边9位节度使全部参与战斗中，安庆绪一败再败，最后只好重新退回邺城。一轮战争结束，郭子仪清点战果，统计斩首叛军3万余人，俘虏1千多人，形势大好。

安庆绪也感到力不从心，于是派薛嵩向史思明求助。这位薛嵩的祖父就是初唐名将薛仁贵。史思明决定出兵援助，先后派遣了13万大军增援前线，自己则率军攻夺魏州（今河北大名）以减轻邺城的压力。当时唐军负责魏州事务的是9位节度使之一，出身博陵崔氏的崔光远。其实崔光远也是刚刚从安庆绪叛军手里把魏州打下来，他和史思明几乎是前后脚到达这里。史思明作为和安禄山一起造反的"老叛军"，经验丰富，决定趁着崔光远还没站稳脚跟，赶快把魏州再夺回来。崔光远就派将军李处崟御敌，李处崟应该是崔光远手下非常能打的一位将领，结果却是屡战屡败，不敌叛军，只好调头退回到城下。

叛军追了过来，还用出一招反间计，对着城上的崔光远部大喊："处崟召我来，何为不出！"意思是李处崟和我们约好了，让我们这个时候来，现在怎么还不打开城门迎接我们？这话传到崔光远耳朵里，崔光远疑心大起，因为安史之乱中，唐军投降叛军的案例非常多，他难免会怀疑李处崟是不是已经和叛军联手了，于是当即决定对李处崟痛下杀手，腰斩。这是非常冲动的举措，事实证明，李处崟没有投敌，更糟糕的是，他是一位在军中很有威望的将军，突然间稀里糊涂地被杀，底下士兵很有怨言，人心瓦解。实际上李处崟一死，崔光远的队伍就丧失了战斗力。最后崔光远只能无奈地退出战场，回撤到汴州，魏州被史思明夺回。

正是从这时开始，事态开始朝不利于唐军的方向发展。转过年来，到乾元二年春天，李光弼对鱼朝恩说："史思明已经得到魏州这块要地，却按兵不动，我觉得他是想让我们松懈下来，再打我们一个措手不及。我建议，让我和郭子仪领导的朔方军一起攻打魏州。史思明一定不敢出城决战，我们就和他僵持着，而其他节度使可以趁这个机会，赶紧把邺城打下来。只要安庆绪一死，史思明就没有理由和借口调动安庆绪麾下的军队，叛军不就瓦解了吗？"这本来是一个很好的建议，而且出自老谋深算的名将李光弼之口，可行性很高。没想到鱼朝恩却断然拒绝。拒绝的原因除了这个宦官没有军事经验之外，可能还另外有一个重要因素，我在这里先卖个关子。

紧接着，在攻打邺城的过程中，9位节度使之一李嗣业被流矢射中，身亡。李嗣业之死给唐军造成非常大的打击，因为这是一位战功累累的骁将。遥想当年，安史之乱爆发后不久，唐肃宗来到灵武筹划反攻，可当时他身边没有什么人可以用，李嗣业就是这个时候投奔唐肃宗的。唐肃宗非常高兴，说："今日得卿，胜数万众，事之济否，实在卿也。"李嗣业后来的表现也的确没有辜负皇帝对他的期待，先后配合郭子仪等人收复两京。

发生在公元757年的香积寺之战，是唐军与叛军的另一场恶战，李嗣业在那一战中表现出远超常人的胆魄，当时唐军和叛军在长安城外正面对决，而且唐军逐渐展现出颓势，这时候正是李嗣业站了出来，"肉袒、执长刀，立于阵前，大呼奋击，当其刀者，人马俱碎，杀数十人，阵乃稍定"。就是这么一位猛将，在相州之役中被流矢射死了。

郭子仪这时觉得不能再拖了，于是和其他几位节度使一起围攻邺城，并试图用大水灌城的方法把叛军逼出来。方案实施得还是很成功的。当时邺城里的井、泉都往外溢水，城里的人只能搭起架子，睡在架子上面。城里粮食也没有了，"一鼠直钱四千"。人们只能从土墙里抠些麦壳，再从马粪里面挑出一些植物纤维，就用这些喂战马。

所有人都觉得邺城肯定马上就能打下来了，但是唐军这边"诸军既无统帅，进退无所禀"。邺城好歹是叛军的军事重镇，围城进攻肯定要有统一的号令才有效果，可是9位节度使之间没有任何一位是实际的领导者，结果"城久不下，上下解体"，当胜利看似唾手可得，却怎么也得不到的时候，每个人都感到很沮丧。就在这个时候，史思明来了。

史思明率军从魏州急奔邺城外，他倒是不急于和唐军决战，更不急于援助城里的安庆绪，只是不停地派出骑兵骚扰唐军，偷牛马，割粮草。而且当时天下饥荒，史思明专门派了一伙人伪装成唐军的样子，跑到漕运要地，杀戮运粮人，烧毁粮车粮船。到最后，唐军这边也出现粮食短缺的情况，将士们的心态逐步崩溃。

眼见唐军处于崩溃的边缘，这一年三月初六，史思明决定和唐军决战。可唐军这边有20多万人，史思明只带了5万，所以一开始各路节度使都没有把他当回事。直到双方接触，大家才发现史思明的队伍虽然人数少，但战斗力极强。两军"杀伤相半"，死伤人数差不多相等，而且乱战之中，反而唐军这边又有一位节度使（淮西节度使鲁炅）被流矢射中，负伤倒地。

此时，郭子仪刚准备加入战场，就离奇地出现了一场沙尘暴，遮天蔽日，让人"咫尺不相辨"，原本就军心涣散的唐军马上溃逃，10万多件武器装备全部丢掉，1万多匹战马最后只剩下3千。剩下的几位节度使，也都有不同程度的损失，最后纷纷撤出战场。唐军就这么输掉了相州之役。后来杜甫在《新安吏》里描写道，"我军取相州，日夕望其平。岂意贼难料，归军星散营"，说的就是这件事。

梳理整场战役的经过，导致唐军失败的，虽然有沙尘暴这类偶然因素，但并不是决定性的，其关键是整支队伍的管理体系，而需要对失败负责的是唐肃宗本人。9位节度使，20万人马，这么庞大的一支军队，居然没有一位统帅，更没有一个统一的指挥系统，只是让大家各自为战，如此设置导致战场上产生了巨大的混乱，这都是可以预想到的事。此外，其实还有一些原因。

史书中有很多细节都反映出了某个问题。比如，唐军第一次战败，崔光远部的李处崟迎战史思明的时候，为什么没有人支援他？史思明麾下的军队是叛军精锐，郭子仪等几位节度使都是与叛军缠斗多年的老将，难道不知道李处崟不是史思明的对手？史书上记载了这么一件事："初，郭子仪与贼战汲郡，光远裁率汴师千人援之，不甚力。及守魏，使将军李处崟拒贼，子仪不救，战不胜。"原来早年发生在河南汲郡的一次战役中，郭子仪被叛军所困，崔光远没有出手相助，所以这一次魏州争夺战，郭子仪也没有对崔光远、李处崟伸出援手，带有报复的性质。这是 9 位节度使之间存在矛盾的一种体现。

回到前文埋下的关子，李光弼曾提议和朔方军共抗史思明，其他节度使趁机夺取邺城。这个建议被鱼朝恩拒绝，原因就是朔方军的领袖是郭子仪，而鱼朝恩和郭子仪的嫌隙很深。史载："时郭子仪频立大功，当代无出其右，朝恩妒其功高，屡行间谍。"

另一个原因可能更加重要。鱼朝恩代表皇帝监视这几位节度使，而当时朝廷上有一部分人对番将抱有一定的警惕心和敌意，因为安禄山、史思明都是番将。所谓番将，就是在唐朝供职的外族将领。而李光弼恰恰就是番将的代表，他是契丹族，出身营州柳城（今辽宁朝阳），和安禄山是老乡（同出自柳城），和史思明是半个老乡（同出自辽宁）。平定安史之乱的过程中，唐王朝重用了一位少数民族将领，名叫仆固怀恩。他早年追随郭子仪，在朔方军任职。他所在的家族可以说是满门忠烈，共有 46 人死于国难。可是后来仆固怀恩却被一些人诬陷谋反，这些人中就有鱼朝恩。这是以鱼朝恩为代表的朝中势力敌视番将的重要案例之一。而郭子仪麾下的朔方军，是一支活跃于西北的军队，也有很多成员出身于少数民族，郭子仪在相州之战后，被迫离开朔方军，李光弼接替了他的位置。最终，这支朔方军的重要地位，被鱼朝恩率领的神策军所取代。鱼朝恩作为一名宦官，他唯一的权力来源就是皇帝的信任，所以他敌视番将，且蓄谋夺取他们的兵权，一定代表着皇帝的意志。在相州之战过程中，鱼朝恩对几位节度使的不友好态度和警惕猜疑也是真实存在的。这也是鱼朝恩所代表的皇帝意志与地方节度使之间矛盾的缩影。

将领之间步调不一致。在整场战役中，李光弼展现出了非常高涨的热情。当然，作为将领，平定叛乱本是他该做的，但这种对敌人强烈的仇恨是否另有源头呢？或许是有的。相州之战前，史思明实际上已经投降了唐王朝，但是李光弼"以思明终当叛乱……阴使图之"，他认为史思明根本就不是诚心归降，必定会再反叛，于是暗中说服了史思明的心腹，让他去刺杀史思明。结果事情败露，史思明大怒，质问唐肃宗："臣以十三万众降朝廷，何负陛下，而欲杀臣！"然后又写了一封表文，说："陛下不为臣诛光弼，臣当自引兵就太原诛之。"这封信最后虽然没有传到皇帝手中，但无论是唐肃宗还是李光弼本人，应该都知道这件事。换言之，李光弼或许因为刺杀失败而感到自责，或许因为与史思明之间的仇恨，在相州之战中奋不顾身，力求杀敌。但与之相比，其他几位节度使中，不乏出工不出力的，其代表就是滑濮节度使许叔冀。安史之乱前期，有一场非常惨烈，也非常重要的战役——睢阳保卫战，唐朝这边是由张巡和许远主持，负责守卫，以区区数千人对抗 10 万叛军，战况非常壮烈，到了惊天地泣鬼神的地步。而许叔冀当时就在睢阳附近，任由睢阳陷落，始终没有出兵援助。在这一次相城之战中，史书上没有记载许叔冀任何值得一提的战绩。就在相州之战结束后半年，乾元二年九月，许叔冀就投降了史思明。他是安史之乱爆发以后唯一一位投降叛军的在任节度使。宰相张镐早就提醒过唐肃宗，许叔冀"性狡多谋，临难必变"，有这样一位摇摆派掺和，当然会大大拖累攻城的进度。

如果在战役开打之前，唐肃宗就能用人不疑，从九位节度使中选出一位做统帅，情况会大不一样。前面分析的这些矛盾或许不会全部得到解决，但至少可以使军队步调一致，组织起更有效的战略，提高胜率。在统一指挥体系之下，将士会以服从军令为主轴，种种矛盾也会被共同目标压下去。可最终的现实是，由于唐肃宗不安心放权，统筹失误，导致前线缺乏统一的调度和决策，相州之战就此走向失败。与之相伴的，是唐王朝不可逆转的颓势。

当代社会，很多高层管理者在选贤任能，统筹全局的过程中也会碰到类似问题。想要放权培养下属，有些领导会考虑，下属发展起来以后会不会影响到自己？不放权，毕竟不可能事必躬亲，那些主要靠下属去完成的大项目又无法有效统筹。我想，这个矛盾还是要从提升自我格局和加强识人、用人能力两方面入手来破解。

第九章

合理计划

隋炀帝的教训：掌握节奏

公元604年，隋文帝驾崩，杨广登上皇位，历史进入隋炀帝时代。说起隋炀帝，很多人一定会想到大运河。在很多史家笔下，修建大运河是隋炀帝的重要罪状之一。更有野史记载，隋炀帝向往江南的气候和美景，挖这条运河的目的，是为了满足他到江南看琼花的私欲。修建大运河的确劳民伤财，促迫的工期，严厉监视下的高强度工作，让很多百姓家破人亡，但修建大运河的历史背景并不简单。

大业元年（公元605年）三月，隋炀帝先后下达了两道重要命令，第一道命令是兴建东都洛阳；第二道命令是修建连接黄河与淮河的通济渠。通济渠是隋唐大运河非常重要的一部分。隋炀帝为什么在即位之初就急着修建大运河？首先应该注意的是，大运河是南北走向。而中国境内最主要的两大水系，长江、黄河，都是东西走向的。南北走向这一特点为什么那么重要？

东汉后期的董卓乱政发生在公元 189 年，从此天下分崩离析。隋朝灭陈，重新完成统一大业，是在公元 589 年，两端间隔 400 年。这 400 年间经历了魏晋南北朝，其间除了西晋有短暂的统一外，其余时间中国都处于分裂状态，尤其体现为南北对立的分裂局势。直到今天，中国文化中最大的区域差异就是南北差异，可见南北划分对中国历史文化影响之深。隋朝虽然统一了疆土，但单靠军事征服获得的统一并不稳固。比如公元 590 年，南方就发生过大规模叛乱。隋朝的都城是大兴城，在今天的西安，相对于这个位置来说东南是比较偏远的地方，如何调动财物和士兵到南方前线，很成问题。

隋炀帝即位后，急迫地想解决这个交通问题，在公元 605 年下达了修建东都洛阳的命令，也就是把都城移到相对东部的位置。但是这样还不够，要想更加有效地连接南方和北方，更加有效地对南方加以控制，修建大运河是最优选项。无论从效率还是成本的角度讲，水运一定比陆运更优。在军事、政治控制稳固之后，大运河还可以发挥经济、文化方面的沟通作用，加强南北的人才、货物流通。只有这样一步步融合，南北统一才是可持续的。所以从决策层面看，修建大运河绝对是正确的选择。

既然修建大运河有充分的理由，为何这项工程会给隋炀帝招来骂名？问题出在节奏上。隋唐大运河分为4段，从北到南依次是永济渠、通济渠、邗沟和江南河。隋朝从大业元年到大业六年，总共花了6年时间，分3个大工程，把这4段运河修建完了。乍一听，6年修4段运河，工期并不紧张，百姓所服劳役应该不至于繁重，实际情况并非如此。因为兴修运河必须在枯水期开挖，这六年里面并不是每年365天连轴转，实际工期要比6年短得多。比如通济渠和邗沟这两段，前后有效工期是5个月。依此推算，4段运河加在一起，实际修建时间不会超过两年。那么这条运河总长多少呢？两千多公里。两千多公里的运河是在不到两年时间内修成的，没有现代机械辅助，几乎靠人工修成，当时虽然利用了很多旧有水道，但工作量依然巨大。而且隋炀帝对运河的要求很高，他规定"渠广四十步，渠旁皆筑御道，树以柳"。运河的宽度统一在40步（约合今天59米），两岸全都栽上大柳树，形成御道。同时隋炀帝还要求，在运河沿岸修筑大量粮仓作为配套措施，这样一来工程量又大大增加了。

据《资治通鉴》记载，修筑通济渠的时候，隋炀帝征调了100多万男丁，修筑永济渠的时候，征调的人数一下子变成了500万。到后来，男人实在不够用了，开始征调妇女。在这么短的时间内，如此大规模征用百姓修建工程的事例，在中国历史上是很少见的。所以隋炀帝兴修运河，虽有合理的决策依据，但没有把握好节奏，过于急迫。《资治通鉴》描写了一个非常悲惨的场面："役丁死者什四五，所司以车载死丁，东至城皋，北至河阳，相望于道。"就是说，去挖河的老百姓，十个里面就有四五个会被累死，官员就用车把这些死尸拉走，结果在通往各地的道路上，到处都是载死尸的车子。这种情况必然积累民愤。隋炀帝算得上是一个精力旺盛的皇帝，在位短短 13 年，除了修建大运河，还做过很多兴师动众的事情，比如经营西域。西汉时，张骞通西域，后来在无数人的努力下，早期丝绸之路被打通。魏晋南北朝时期，中原地区战乱频发，位处于中原的政权没有精力打理西域，所以中原和西域的交流就慢慢衰落了。隋朝统一后，经营西域成为隋炀帝展现雄才伟略的另一个舞台。当时一位名叫裴矩的大臣也及时出现，给隋炀帝带来助力。

裴矩曾在张掖做地方官，这里恰好是中原商人和西域胡人交易的主要场所，裴矩借此便利，从胡人那里了解到很多信息，写了一本书，名为《西域图记》。在《西域图记》里，裴矩把西域 40 多个国家的地理位置、风土人情，以及从隋朝前往西域的几条道路，都记载得清清楚楚。之后，裴矩将这本书进献给隋炀帝，并进言一定要想办法重新开通西域，隋炀帝深表赞同。于是在大业五年（公元 609 年）三月，隋炀帝正式宣布巡行西部边塞。这次巡游非常隆重，隋炀帝先后调动了十几万护卫大军，还要求文武百官、后宫嫔妃、和尚、道士、手艺人一起随行。隋炀帝巡游为什么要带和尚、手艺人？因为要展示综合国力，光有武力不行，和尚、手艺人分别是文化、技术领域的代表。

但这么庞大的队伍出巡，比商队穿越西域复杂多了，无论是隋炀帝还是裴矩，事先都没有审度周全，整个过程中出现了非常多的困难。当时隋朝西边有强大的吐谷浑政权。隋炀帝巡行之前，曾派兵击败吐谷浑，但它的力量依然很强大。为防止吐谷浑给巡行途中的隋朝巡游队伍制造麻烦，隋炀帝派遣随行的十几万大军主动出击，试图一举击溃吐谷浑。战争结果虽然是隋朝赢了，但赢得十分惨烈，柱国大将军梁默和左屯卫大将军张定和这两位重将都在这场战争中殉难了。

除了军事问题，还有自然气候带来的困难。隋炀帝安排的路线，是从青海北上河西走廊，这在当时是一条相当险峻的路线，没有什么大路，还有很多地势险要的山岭和峡谷。有一天，大部队要穿过一条峡谷，足足有 40 公里长。隋炀帝要求随行人员加紧脚步，争取用一个白天的时间就穿过峡谷。但十几万人的队伍，里面还有后宫嫔妃、和尚道士，要在十几个小时里穿越 40 多公里的大峡谷，是不可能做到的。大家紧赶慢赶，一直走到深夜，还没从峡谷里走出来，隋炀帝一看，没办法了，就地扎营吧。这一扎营就坏了，当天夜里突然起风，还下起了雨，队伍里却没有足够的帐篷，很多人只能露宿。山谷里风大雨急，气温骤降，等到第二天早上清点人数的时候，很多人已经活活被冻死了。

隋炀帝费这么大力气巡行西域，意义何在？第一，扩大了隋朝版图，在这次巡行之后，隋炀帝在原来吐谷浑的地盘上新建立了4个郡，这4个郡的位置主要在今天的青海、新疆，这也是中国历史上第一次把青海全境纳入版图中。第二，打通了中原和西域的道路，加强了中原和西域的经济往来。

隋炀帝通西域和修运河有类似之处，即都有重要的历史意义，却没有把握好行事节奏。再加上为满足帝王展示"伟大"的私欲，很多有意义的历史事件也会走向其反面。隋炀帝打通西域之后的行径就是一个典型案例。

巡行将要结束的时候，隋炀帝决定带上西域各国使者、商人回朝。他觉得要让这些西域人亲眼看到隋朝的兴盛，才能真正让他们臣服。回国以后，隋炀帝为了彰显国力，下令进行元宵表演。正月十五，隋炀帝召集全国10多万艺人，到洛阳进行文艺表演。而且所有政府官员、当地百姓，都要在这一天穿上华服上街观看，以此显示隋朝的富足。这次演出足足持续了半个月，耗费了大量民力物力。

但不管怎样，这一系列"作秀"还真让西域人心动了，他们觉得隋朝实在是太繁华了，得想办法和隋朝做生意，所以很多人提出来，想要到市场上去看看。隋炀帝随即下令，让市场里的商人把最好的商品摆出来，整日营业，不准休息。而且做餐饮买卖的人，一旦看到胡人，就要主动邀请他们进去品尝饭菜，最重要的一点是，不能收他们的钱。胡人要是问，天下哪有吃饭不给钱的道理？就跟他们说，隋朝物产丰富，喝酒吃饭不要钱。

胡人们从市场走出来，都说隋朝太好了，繁华至极。但这种虚假场面能一直维持下去吗？当然不可能。时间久了，胡人也会看出端倪。有一次，一位胡商在市场里吃饭，吃完之后，饭馆老板就对他说："我们隋朝地大物博，物产丰富，这顿饭不收钱。"胡商说："是啊，隋朝真的很强盛，文艺表演也好看，饭馆吃饭也不要钱，就连市场旁边的树上挂的都是精美的绢帛。但很奇怪，既然如此，为什么路边还有那么多衣衫褴褛，食不果腹的穷苦人呢？为什么不把树上的绢帛给他们穿，不把丰盛的食物给他们吃呢？"隋炀帝想法很多，"初心"很好，但当方案落地的时候，总是忽略底层百姓的感受和利益，最终导致了一系列不好的后果。

修建运河、经营西域，虽然给隋朝埋下了很多隐患，但还没有让隋朝的统治产生重大的动摇，促使隋朝迅速衰落的是另外一件大事：与高句丽的 3 次战争。

古代战争讲究兵马未动、粮草先行，隋朝决定征伐高句丽，首先要做的就是后勤准备。从军事角度讲，准备过程可圈可点，但另一方面也意味着又消耗了大量民力物力。

为准备半岛登陆战，隋炀帝下令，征调百姓修建 300 艘大船，限时一个月。工期实在是太赶了，老百姓们昼夜赶工，连续长时间地泡在水里，以至于很多人腰部以下都开始溃烂。一个月之后，300 艘大船是造好了，但代价是什么呢？被征调的民工当中，死亡率超过 30%。

大业八年（公元 612 年），隋炀帝亲征高句丽。开战之前，隋炀帝就在战术上犯了致命错误。他下达了两条命令：第一，为了防止有人贪功冒进，有事一定要先向他禀报，不得擅自开战；第二，每支部队都设置一位受降使，专门接受敌军投降，受降使与统军将领平级，假如将领不接受敌人投降，受降使可以节制他。这些指示非常幼稚，战场上靠的是主将随机应变，现在又要请示皇帝，又要被受降使节制，将领根本无法发挥主动性。隋炀帝这么做有他的想法。他认为此战必胜，而且还会大胜，设置第一条命令，是为了确保将领们不把风头抢走，一切英明决策都由他作出；第二条命令，是好慕所谓"不战而屈人之兵"的虚名。

一开始战争还算顺利。当年三月，隋炀帝率军渡过辽河，包围了高句丽的军事重镇辽东城（今辽宁辽阳）。此时隋炀帝"不战而屈人之兵"的想法又冒出来了，他让士兵们在辽东城对面修造起一座高 18 米、方圆 8 里的城池，叫六合城，而且一夜之间就完工，试图用这样的方法恐吓敌人，让敌人投降。第二天一早，高句丽人看到一夜之间冒出来的六合城，真的吓了一大跳，但也就是吓了一跳，丝毫没有投降的意思。

隋炀帝一计不成，就下令军队开始进攻。但进攻之前，他又下令，一旦高句丽有投降的意思，就要停止进攻，并且向他禀报。本来皇帝亲自督战，数十万将士攻打一座小城，并不是很难的事，但有了这条命令就不一样了，将领和士兵们都心有顾忌，放不开。一来二去，辽东城里的高句丽人也看明白了，他们开始利用这条军令，觉得要守不住的时候就赶快摇白旗，等到隋军退却，他们又重新搭建防御工事，接着和隋军打。就这么反反复复，一直打到六月份，辽东城还没有打下来。这下隋炀帝坐不住了，痛斥将领们作战不力，这些将领也感到很委屈，但谁也不敢忤逆隋炀帝。

就在围攻辽东期间，隋炀帝又派了另外几支队伍向平壤进发。进攻平壤的部队也不太顺利，他们面临的主要问题是粮草不足。按古代战争的一般规则，士兵们会随身携带部分粮食，但大部分粮草需要交给专门的部队运送。由于长期消耗民力，加之这次出征规模又很大，已经很难抽调出一支专门运粮的部队了。所以出发之前，隋炀帝让每位士兵都背上 100 天的口粮，而且下令不准任何人丢弃粮食。但是这么多粮食，加上军备物资，士兵们怎么可能背得动。所以士兵们时不时偷偷挖坑，把粮食埋进去。如此一来，随着战争深入，隋军的口粮变得严重不足，这么下去还没等走到平壤，士兵们估计都要饿死了。当时负责进攻平壤的主将是于仲文，当他正为口粮问题发愁时，突然有人告诉他，高句丽二号人物乙支文德来投降了。其实乙支文德是诈降，他想来看看隋军还能坚持多久。

于仲文得知消息，决定把乙支文德关押扣留，绝对不能让他回去通风报信。而且这次出征前，隋炀帝还特意交代于仲文，说假如乙支文德来投降，一定要抓住他。但这么简单的一件事最终办砸了。还记得隋炀帝出征前的第二条命令吗？受降使和主将同级。这支队伍的受降使名叫刘士龙，他坚持说，要善待俘虏，让他们来去自由，他们想回去，就让他们回去。两个人争执来争执去，最后还是按照刘士龙的意思，把乙支文德放回去了。

乙支文德离开后，隋军内部产生了分歧。很多人认为现在敌人已经知道我们粮草不足，且必有准备，我们未必能赢，不如撤军。但于仲文坚持向平壤进军。接下来，隋军昼夜兼程，一直赶到距离平壤30里的地方安营扎寨，可刚一安营，就发现不对。按照原计划，应该有另外一支水军来接应，但是等来等去，这支部队始终没有出现。其实在此之前，隋朝这支水军已经战败了。等消息证实并传播开来，士兵们怨声四起，军心动摇。

就在于仲文一筹莫展的时候，乙支文德又来了。他开门见山地说："我知道你们没粮食了，也根本无法出战。不如这样吧，你们先撤军，我们随后就派人对隋朝表示臣服，去朝见你们的皇帝，这样你们的目的不也达到了吗？"隋将一听，都觉得太好了，终于不用打仗了，于是马上同意了他的方案，快速退兵。但乙支文德的承诺都是谎言，隋军回撤途中，高句丽的军队就追上来了。隋兵溃不成军，一天一夜就败退了数百里，到最后清点人数时，30万大军只剩两千多人。损失这么大，隋炀帝也不得不撤军了。于是当年七月，隋炀帝下令停止攻击，全军回撤，轰轰烈烈的御驾亲征就这样草草收尾。

紧接着大业九年（公元613年），隋炀帝再次亲率大军，发动了对高句丽的第二次战争。隋炀帝的理由是，第一次征伐高句丽的失败，不仅让隋朝的国际地位下降，还使得国内出现了很多怨言，所以隋朝急需一场胜利来稳固局势。

这次出征，原本形势一片大好，但就在隋军即将取得全面胜利的时候，隋炀帝突然收到了一则来自后方的信息：杨玄感在黎阳（今河南浚县）起兵造反了。隋炀帝没办法，只好停下进攻的脚步，回去处理杨玄感。杨玄感起义很快被平定，但直接造成了两个后果：第一，掀起了农民起义的浪潮，隋朝的统治出现瓦解趋势；第二，隋炀帝的威望进一步下降。

为了挽救局势，隋炀帝执意发动第三次征讨高句丽的战争，结果虽然惨胜，但是多年的征战和繁重的徭役让隋朝彻底土崩瓦解，隋炀帝也惨死于江南。

通过历史，我们可以看到，隋炀帝自即位以后，有很多高瞻远瞩的设想，但用心太急，想让所有愿望都在短时间内实现。就前文所列举的事例而言，隋炀帝试图在短短数年内完成修建大运河、疏通河西走廊、征伐高句丽等大工程，每一项举措都要消耗大量人力物力，动辄抽调数十万乃至上百万壮丁，那还有多少劳动力能留在农田上呢？劳动人口的稀缺导致社会经济衰退，必然造成恶性循环，势必给民众带来巨大压力，引爆社会矛盾。如果仔细阅读《资治通鉴》中记载隋炀帝的部分，还会发现，隋炀帝想做的还远远不止我列举出的这些事情，他的理想宏图更广大，更辉煌。有人概括隋炀帝是"战略上的天才，执行上的蠢材"，确实有一定的道理。

汉成帝之死：如何看待天命

《资治通鉴》卷三十三记载了这样一件事。汉成帝绥和二年（公元前7年）二月壬子日，"丞相方进薨"。当时的丞相翟方进去世了。翟方进的死是一件非常蹊跷的事，也是历史上很著名的一个故事。

当时出现了一种天象，叫作"荧惑守心"。"荧惑"指的是火星，"心"指的是二十八星宿中的心宿区。"荧惑守心"也就是火星运行进入了心宿区。在古人的认知里，心宿区对应着地上的明堂，明堂是皇帝发号施令的地方，而火星又被认为是祸星，因此在古代，"荧惑守心"往往意味着皇帝将面临灾难。

这时就有人对丞相翟方进说："如今出现这样一种不吉利的天象，皇帝一定会非常生气。他一定会想，为什么祸星会进入到发号施令的星宿区？说明这几年政令肯定出现问题了，而你身为丞相，是这个国家所有政令的总管，如果灾祸要降在皇帝身上，皇帝首先就会对你不满，因为你没有把事情做好。"

翟方进听了感到很慌张，此人趁机接着劝说："这件事并非没有解决办法，丞相府里上上下下有 300 多名僚属，你可以动用一些仪式手段，从这 300 多人当中找一个替罪羊出来，把灾祸移到那个人身上去，让他来顶罪。"

翟方进听后，"忧之，不知所出"。这毕竟是人命关天的事情，翟方进一时间也没有想好到底要不要听从此人的建议，结果就在他犹犹豫豫的时候，"上乃召见方进"。皇帝的使者来了，传翟方进面见皇帝。原来汉成帝身边也有一位擅长观望天象的人物，叫作贲丽，他也看到了"荧惑守心"的灾象，于是就对皇帝说："现在上天要降罪于您，您可以找人来代替自己抵挡灾祸。而您的身份是何等尊贵，如果真的要找替罪羊，也一定要找一位地位相当高的人。放眼天下，最合适的人选当然就是丞相了。"

皇帝和翟方进见面以后，开门见山地说道："天象已经显示出我们政令有误，管理天下有不当之处，必须得有人对此负责。你是宰相，难辞其咎。这是我们最后一次见面了，你回家就自己了断吧，算是给上天一个交代。"翟方进回到家中，感觉如同梦幻一般，魂不守舍，怎么都想不明白为何突然之间自己就要被迫自杀呢？心里觉得这是一件非常冤枉又莫名其妙的事情。而汉成帝眼见翟方进迟迟没有动作，就又派使者前来，言辞犀利地批评翟方进，指责他身为宰相，却"政事不治"，这才导致天变，使得百姓穷困，现在给他个面子，他最好马上借坡下驴。而且让翟方进放心，只要他自我了结，替皇帝挡住这次灾难，皇帝不会亏欠他的家人。

面对皇帝软硬兼施的逼迫，翟方进虽然贵为宰相，也无处可逃，只好在当天选择了自杀。翟方进死后，汉成帝做了两件事情。第一，"秘之"。把消息封锁起来，力求隐瞒翟方进替自己顶祸而死的真相。第二，厚葬翟方进。不仅给予了大量的超规格赏赐，而且"亲临吊者数至"，多次亲自出面悼念他，把葬礼办得风风光光。

汉成帝认为，通过这样一番操作，天变就会因为翟方进之死而彻底消失，自己也就安全了。那么这件事的结局如何呢？先不急着看结果，在《资治通鉴》中，司马光讲完这一段历史后，穿插了一段评论。

在这个故事中，汉成帝的主要目的是什么？想通过一些手段、借助外力，或者说试图以一些小伎俩来改变天命。司马光的评论就针对汉成帝这种行为和心思。他说，古人有句话叫作"天道不慆，不贰其命"。天命绝对不是你想改就能改的，如果通过一些简单的伎俩就改变，那还叫天命吗？所以司马光接着说："祸福之至，安可移乎？"如果真有天命，这样的命是可以转移的吗？如果一个人将遇到天谴，要是通过一些手段就能转移到别人身上，老天爷会同意吗？天地有大德而无言，如果这种伎俩能够成功，天地之大德又从何谈起呢？

接下来司马光举了两个例子，都是春秋时代的故事。第一个故事记载在《左传》里。楚国的楚昭王时期，天有异象，云彩就像很多赤色的鸟一样，夹日而飞，这样的景象持续了三天。楚昭王对此很诧异，就询问相关的官员和专家，结果专家回答说："这个天象预示着您身上将出现灾难，如果您想避难，倒有一个办法，那就是把灾祸转移到楚国最高级别的官员，也就是令尹身上去。"令尹就相当于国相。楚昭王说："像令尹这样的高级官员，那是我的股肱之臣，现在灾难要降临到我的头上，我自己不愿意去承担，把灾祸移给他们，就如同一个人心腹之间有疾，不想让心、腹疼痛，就把它转移到手、足上，那不还是自己身上的病吗？这怎么可以呢？"所以楚昭王根本不听专家的建议，结果后来什么坏事也没发生。

第二个故事来自《史记》。中原地区的诸侯国宋国，在宋景公时期出现了一次灾象，这次天象和汉成帝所遇见的一模一样，就是"荧惑守心"。宋景公很担心。当时也有一位专家跟他说，不如把灾祸转移给国相。宋景公断然拒绝，他的观点和楚昭王一样，认为宰相是股肱之臣，不能做这样的事情。

专家又说："您既然不同意，我还有第二个方案，可以把灾祸转嫁给老百姓。但是平民百姓远远没有宰相尊贵，可能需要上百名百姓来替您抵消这场灾难。"宋景公说："你怎么可以有这种想法呢？我们国家之所以存在，是建立在老百姓的劳作基础之上，国君有灾，转嫁给百姓，那百姓要我这个国君干什么？国家有灾，转嫁给百姓，那国家存在的意义又是什么呢？"专家又说："好吧，我还有第三个方案，可移于'岁'，以今年的农业收成作为代价，换取您的安全和健康。"宋景公回答："以年成不好为代价，那不是和前面的方案一样吗？本质还是让老百姓受苦饿肚子，把灾祸转嫁给老百姓。你说的这几个方案都不可行，再想想其他办法吧。"

最后这位专家被感动了，深觉宋景公是一位仁德之君，于是说："所谓'天高听卑'，天虽然很高，但是耳朵非常灵敏，能够听到我们人间的对话，我给您出了3个主意，您3次都用仁义之言拒绝了。老天应该会为您的仁德而有所改变，不会舍得把灾害降在您这样一位有仁德的君主身上。"果然宋景公最终没有遭受灾难，"荧惑守心"的灾象也逐渐消失。

《左传》和《史记》里面的两个故事，是不是真实发生过的事并不重要，重要的是司马光引用这两个典故想说明什么问题。司马光说："藉其灾可移，仁君犹不忍为，况不可乎！"退一步来讲，就算这个灾祸可以转移给别人，但要是这么做了，还算是一位仁德之君吗？更何况天命是不可以转移的。天命既定，不是靠转移灾祸这种小伎俩、小心机就可以改变的事情，否则就不能称之为天命了。

司马光认为，汉成帝企图让翟方进替自己挡灾，这是"诬天"。因为上天本来想要惩罚汉成帝，汉成帝却找了个替罪羊，这不就是欺骗上天吗？与此同时，汉成帝"隐其诛而厚其葬"，隐晦地让翟方进自杀，又给他丰厚的葬礼待遇，不告诉人们事实的真相，这是"诬人"。所以不管汉成帝出于何种动机，他要么是在骗天，要么是在骗人，而这两种欺骗都是不对的。最后司马光用一句话总结，他说，"孝成欲诬天、人，而卒无所益"，汉成帝想骗天，想骗人，没有任何的益处，"可谓不知命矣"，这根本不是一个懂天命的人。

司马光为什么这么说？把《资治通鉴》再往后翻一页就明白了：同年三月，"丙戌，帝崩于未央宫"。仅仅在翟方进死后35天，汉成帝就驾崩了。说明这次灾祸根本没有移走，老天决定要惩罚你，任何法术、伎俩都没有意义，最后这些灾祸还是会降临。这是具有反讽意义的故事。

我之所以热衷于讲这一类故事，是有针对性的。针对什么现象呢？现在社会上兴起了国学热，很多人都在学习传统文化，但是任何事物在具有社会价值、商业价值以后，就难免产生一些功利性的导向，于是泥沙俱下，真国学、伪国学混在一起。很多人学国学，不是认认真真地学经典，也不是为了好好地提升自己，而是想通过一些投机取巧的方法来改善自己的生活。

比如有一些人一讲传统，就想到算命、打卦、看相，认为这不都是所谓的传统吗？希望找一个人算算命，占一卦，人生马上就能够变得美好，这是一种典型的功利主义的心态，不想通过自己的努力就改善人生，是不可能的事情。而社会上恰恰有人顺应这种"功利主义"心态，打着国学旗号，做占卦看相之类的事情。我把这些内容定义为"伪国学"。我们的传统精粗并存，有精华也有糟粕，这一类东西就属于典型的糟粕。古人早就已经批判过，中国古代的伟人，尤其是伟大的思想家，没有人会把这一套内容作为我们传统思想的核心价值。汉成帝试图把灾祸移给宰相翟方进，最后自己也还是没有躲过，就是很好的案例。

有些年轻人在困惑、焦虑的时候，喜欢到地摊上找一位"国际周易研究会副会长"，花两百块钱请他占一卦。我经常跟他们开玩笑说，如果花两百块钱就能改变你的命运，那你的命岂不是太贱了些？也有一些企业家告诉我，年轻小白领只花两百块当然找不到真大师，他们请大师至少都是几十万元甚至几百万起步的。我问他们，浩瀚星辰，苍茫宇宙，天若有知，两百块和两百万有区别吗？无非是哪款骗子更适合你。江湖术士总有方法让你相信他想让你相信的，或者说些你自己内心本来就愿意去相信的话，或是用心理暗示，或是用障眼法，并不稀奇。

再退一步讨论，假如看相算命真的有用，那论水平、论能力，汉成帝身边的专家是不是要比今天市场上那些星象师、算命先生高明许多？汉代的那些星象专家，不仅是这门"学问"的鼻祖，还是皇帝身边的专家，但结果呢？汉成帝贵为皇帝，最后还是没能躲过这一灾。汉成帝之死难道不是思考这个问题时最好的参考案例吗？天若有命，那这命真的能改吗？

曾有人问我："姜老师你信不信命？"《论语》里有一句话："夫子之言性与天道，不可得而闻也。"孔夫子对人类无法真正把握的现象，六合之外，存而不论。这一点上，我也是孔子的信徒。所以，一方面，我既不敢否认有自然力以外的力量存在，不敢说"命"是不存在的；但另一方面，我也不认为人可以凭借伎俩或借助外力，干预"命"的运行。

如果真有"命运"的话，我们应该如何看待它？第一，什么是命？你真要信命的话，就应该仔细琢磨我前面列举的案例，记住天的威力不是靠人的小伎俩可以窥探、可以改变的。"逆料天意，妄希天命"，这都是错误地对待天命的态度。既然它是命，它就会把那些应该由你承担的事物送到你面前，你就应该承担它。怎样的态度是最好的知命态度？《论语》早有教导："知者不惑，仁者不忧，勇者无惧。"所有到你面前的东西，勇敢地承担起来，这就是知命。知命最高的境界是达命，了然于命。我们应该做到：知命，达命，安于命。

如果仅是这样的话，恐怕又有朋友要问了："姜老师你是宿命论者吧？对待命是不是持非常消极的态度？"不，这种认知也是错误的。真正的儒家学者不会是宿命论者，也从来不会消极地看待命运。从儒家思想看，命能不能够积极地对待？能。积极对待的方法在哪里？翻开《周易》，第一卦，乾卦里就有一句话："天行健，君子以自强不息。"这就是积极地对待命的方法。命无定命，唯一可以改变命的是自身的奋进，朝着正确价值观方向努力。通过修行品德来加持自己，这是让生活变得更好的唯一源泉。所以不要试图通过投机取巧、功利主义的方法——试图算一命，打一卦，稍微改改风水，来改善自己的人生，这是纯粹的幻想。

除了汉成帝的例子外，在《资治通鉴》卷三十五，还有一个类似的故事，故事的主角是汉哀帝，汉成帝之后的一位皇帝。汉哀帝也相信星象天命，而且汉哀帝继位后身体就一直不好。元寿二年（公元前1年），匈奴单于带领着一些西域首领来汉朝朝觐。汉哀帝觉得这是个很好的机会，他认为自己身体不好，现在天象也对自己不利，而匈奴单于是一个身份很尊贵的人，比汉朝的丞相身份还要尊贵，所以汉哀帝想让匈奴单于替自己挡挡灾，让他住在为太岁压胜而建的宫殿蒲陶宫里。古人最忌讳犯太岁，汉哀帝就偏偏让匈奴单于住在那个犯太岁的宫殿里面，还欺骗匈奴单于，说这是很适合他居住的地方。可结果如何呢？匈奴单于朝觐是在元寿二年正月，可到这年六月，汉哀帝就驾崩了，前后不到半年时间。反观匈奴单于，并没有因此遭受什么不好的命运。

对于真信命的朋友，希望能从这两个故事里领悟到更加深刻的人生道理，能够有更加积极，更加正确的人生态度。